Real History Camp
Workbook

리얼 히스토리 캠프
워크북 개정판

목차

서문 004

1강 • 놀라운 창조 세계　　　　　　　　　　　　　　010

#01 바다와 하늘에서 무슨 일이? 011
#02 땅과 숲에서 무슨 일이? 017
#03 우리 몸에서는 무슨 일이? 021
1강 마무리 028

2강 • 창조를 버린 사람들　　　　　　　　　　　　　029

#01 우리가 보는 '사실' 030
#02 위험한 생각의 역사 035
#03 위험한 생각이 사회에 적용되면? 042
#04 진화론적 세계관이 만들어낸 위험한 사상들 046
2강 마무리 054

3강 • 몽땅 잠겨버린 지구　　　　　　　　　　　　　　**055**

#01 전지구가 물에 잠겼던 증거?　　　　　　　　　　056

#02 성경이 기록한 전지구적 대격변　　　　　　　　　062

#03 격변적 판구조론(Catastrophic Plate Tectonics, CPT)　069

3강 마무리　　　　　　　　　　　　　　　　　　　074

4강 • 창조로 시작한 구원 역사　　　　　　　　　　**075**

#01 창조(The Creation)　　　　　　　　　　　　　076

#02 타락(The Corruption)　　　　　　　　　　　　082

#03 대홍수(The Catastrophe)　　　　　　　　　　　086

#04 바벨탑(The Confusion)　　　　　　　　　　　　089

#05 성육신 하신 예수님(The Christ)　　　　　　　　095

#06 십자가와 부활(The Cross)　　　　　　　　　　　099

#07 다시 오실 예수님(The Conssummation)　　　　　101

4강 마무리　　　　　　　　　　　　　　　　　　　104

소감문 작성　　　　　　　　　　　　　　　　　　　105
해답　　　　　　　　　　　　　　　　　　　　　　106

서문

"천지와 만물이 다 이루어지니라" (창 2:1)

창조 세계는 하나님의 계획이 완전하게 구현된 상태로 시작되었습니다. 거기에는 하나님의 말씀 그대로 빚어진 것들로 충만하였기에 그 자체가 복되고 거룩하였습니다. 그 안에서 복과 거룩을 재생산해내는 것이 생물과 사람이 실현할 수 있는 가장 높은 가치였습니다. 그래서 하나님께서는 "생육하고 번성하여 땅에 충만하라"(창 1:28)고 명령하셨습니다. 하나님의 형상인 인간에게는 거기에 하나의 복을 더해 '정복하고 다스리라'는 자율적인 통치의 권한을 주셨습니다. 창조 세계의 복과 거룩 안에서 인간은 하나님의 피조물들을 마치 자신의 것처럼 사용할 수 있었고 자율적인 지성과 인격을 가지고 자신이 행하지만 마치 하나님이 행하시는 것 같이 창조주 하나님을 반영해내는 위치에 있었습니다. 인간이 하나님의 뜻에 온전히 충실하였다면(faithful), 이 세상에는 복과 거룩의 열매로 가득하여(fruitful) 하나님의 선하시고 온전하신 뜻이 충만한(fulfilled) 상태가 지속되었을 것입니다.

그러나 창조 세계의 역사는 다른 국면을 맞이하게 되었습니다. 하나님의 계시와 다른 생각이 인간에게 들어온 것이 그 시작이었습니다. 그리고 첫 사람이 하나님의 계시에 의존하지 않기로 결정하고 자신의 독립적 뜻을 내세웠을 때 이 세상에는 하나님의 뜻과 충돌하는 '원수'의 세력이 허용되었습니다.

"내가 너로 여자와 원수가 되게 하고 네 후손도 여자의 후손과 원수가 되게 하리니 여자의 후손은 네 머리를 상하게 할 것이요 너는 그의 발꿈치를 상하게 할 것이니라 하시고" (창 3:15)

인간의 범죄는 역사에 긴장을 가져왔습니다. 서로 적대적 관계가 설정되었기 때문입니다. '여자의 후손'과 그와 원수가 되는 '뱀의 후손'이 원수가 되었습니다. 인류는 모두 한 조상 아담에게서 나왔지만, 영적으로는 두 종류의 후손이 생겨나게 된 것입니다. 한 쪽은 '여자의 후손'으로 오실 구속자를 바라보며 하나님의 통치를 받는 후손이고, 다른 한쪽은 '뱀의 후손'으로 일컬어지는 자들로 궁극적으로는 사탄의 통치 아래 있는 후손입니다. 전자는 우주 만물을 지으시고 다스리시는 창조주 하나님의 뜻대로 '그분의 역사'에 속한 자들이지만, 후자는 처음부터 창조주 하나님의 계시를 왜곡하고 그분의 통치에 대항하여 독립된 권위를 추구하는 자들입니다. 그들은 하나님의 영광을 탈취하기 위해 항상 거짓에 의존하며 '왜곡된 역사'로 인류를 기만해 왔습니다.

빛의 자녀들과 어둠의 자녀들의 긴장 관계는 언제나 '하나님의 계시'에 대한 상이한 인식에서 비롯되고 그 자체가 세계를 이해하는 거대한 관점의 차이를 만듭니다. 빛의 자녀들은 언제나 하나님의 말씀이 무엇을 가르치시는가에 주의합니다. 거기에 그들의 존재 의의가 있기 때문입니다. 하지만 어둠의 자녀들은 언제나 계시를 외면하며 사실을 왜곡합니다. 하지만 진위는 분명합니다. 하나님만이 우주를 시작하신 모든 과정과 목적을 알고 계십니다. 이것을 인정하는 자들은 '천지와 만물'이 처음에 어떻게 이루어졌는지 그 시작부터 면밀하게 하나님의 계시를 따라 세계와 자신을 이해하며, 창조 세계에서 일어난 인류의 처음 역사에 대해서도 하나님께서 말씀해주신 것에 귀를 기울입니다. 그러나 언제나 '뱀의 후손'은 온 인류에게 치명적인 저주를 가져온 범죄를 은폐하기 위해 자신의 비참한 정체와 과거를 숨깁니다. 사탄은 오래 전부터 기원과 인류의 처음 역사를 왜곡하여 인류의 문명 안에 자신의 권세와 영향력을 확장시키는 시도를 이어왔습니다. 어느 시대이든지 어둠의 자녀들은 거짓 기원과 왜곡된 역사를 쉽게 받아들이고 그것을 자신들의 전통과 세계관으로 삼아왔습니다.

어떤 사람도 '성경'을 받아 들지 않고서는 우주의 참된 역사를 이해할 수 없습니다. 이는 첫 사람 아담도 예외가 아닙니다. 아담 역시 하나님께서 직접 말씀해주시지 않았다면, 세계를 '누가', '어떻게' 창조하였으며, '인간'은 어떤 존재이며 그 밖의 '피조물'은 인간과 어떻게 구별되는 존재인지 바르게 파악할 수 없었습니다. 성경은 인류에게 '참된 역사'를 직접적으로 가르치는 유일한 정보이며, 그 유일한 역사의 시작은 바로 창세기가 기록하고 있는 '창조'입니다. 참된 세계 인식은 '성경'에 의존하여 역사를 해석할 때만 가능합니다. 여기에 그리스도인이 깊이 주의를 기울여야 하는 문제가 있습니다.

"그가 우리를 흑암의 권세에서 건져 내사 그의 사랑의 아들의 나라로 옮기셨으니 그 아들 안에서 우리가 속량 곧 죄사함을 얻었도다"(골 1:13-14)

그리스도인은 예수 그리스도의 속량으로 흑암의 후손에서 건져져서 이미 오신 '여인의 후손'의 나라로 옮겨진 자들입니다. 이는 하나님의 전적인 은혜로 그렇게 되었습니다. 문제는 그리스도인의 역사 인식입니다. 예수 그리스도의 피로 말미암아 속량을 받아 그분의 나라에 속하기는 하였으나 아직 지식에까지 새롭게 하심을 받지 못한 상태에 있을 때, 그리스도인의 세계관은 세상에서 접한 수많은 왜곡된 정보와 관습에 영향을 받아 왜곡된 역사 이해에 머물러 있게 됩니다. 신분은 그리스도의 나라에 속하였으나 생각과 관점은 아직 세상 풍조에 더 가까운 상태인 것입니다.

이 경우, 영적 신분은 바뀌었으나 하나님 나라와 세상 나라 사이에 있는 긴장 관계를 인식하지 못하고 자신의 관점과 삶의 방식이 그리스도의 나라에 어울리지 않은 많은 것들을 포함하고 있다는 것도 잘 분별하지 못합니다. 그러므로 성경에 기반한 참된 역사와 세계 이해의 관점을 배우지 못한 그리스도인은 자연스럽게 영적 전쟁에 취약할 수밖에 없으며, 때로 그들의 영혼은 쉽게 '뱀의 후손'들의 노략물이 되며, 스스로 하나님을 잘 섬긴다고 착각하면서 반성경적인 사상과 문화를 즐기고 동조하는 데에 머물기도 합니다. 그러나 성경은 분명 이러한 무분별을 엄히 경고하고 있습니다.

> "하나님을 아는 것을 대적하여 높아진 것을 다 무너뜨리고 모든 생각을 사로잡아 그리스도에게 복종하게 하니 너희의 복종이 온전하게 될 때에 모든 복종하지 않는 것을 벌하려고 준비하는 중에 있노라"(고후 10:5-6)

'하나님을 아는 지식'에 복종하는 것은 선택 사항이 아닙니다. 성경은 분명 "너희의 복종이 온전하게 될 때"를 말씀하십니다. 우리가 모든 생각을 사로잡아 그리스도께 복종한다면 생명과 은총을 얻게 되지만(잠 8:35), 그렇지 않으면 '모든 복종하지 않는 것을 벌'하실 때 우리는 그 벌을 피할 수 없을 것입니다. 일찍이 잠언은 "나를 잃는 자는 자기의 영혼을 해하는 자라 나를 미워하는 자는 사망을 사랑하느니라"(8장 36절)고 권고하였습니다. 세계에 대한 참된 이해는 '창조'에서 시작하며, 우주의 참된 역사는 오직 '성경'에 의존하여 하나님의 역사 계획을 통찰할 때 바르게 조망됩니다. 그리스도인의 사고 틀은 전적으로 계시 의존적이어야 합니다. 우리가 속한 나라에 합당한 관점으로 세상을 바라보고, 여전히 존재하는 역사의 긴장 관계를 인식해야 합니다. 그래야 비로소 우리를 속량하신 그리스도께서 통치하시는 그 나라에 속한 자로, 우리가 주님과 함께 어떤 '싸움'을 싸워야 하는지 알게 됩니다. 그래서 'Real History'를 배우는 것은 왕이신 예수 그리스도께 충성된 삶을 살기 위해 필수적입니다.

우리가 어떤 일에 시간과 에너지와 열정을 쏟느냐는 결국 우리가 어떤 대상에게 충성하느냐를 보여 줍니다. 만약 그리스도인이라 하면서 자신의 속에 들어와 있는 반성경적인 관점과 지식들에 의해 호감과 판단이 좌우되어 흑암의 권세에 동조하는 일에 시간과 에너지와 열정을 쏟는다면, 그 사람은 진정한 의미에서 '하나님 편'에 속했다고 말할 수 없을 것입니다. 오히려 그것은 겉으로는 하나님을 섬긴다고 하면서 속으로는 거짓의 아비에게 충성하는 불순종의 삶이 될 것입니다. 하나님께서 이 우주를 시작하시고 지금까지 만물을 다스리시고 인류의 모든 역사를 주관해 오신 그 거대한 계획이 궁금하지 않으십니까? 하나님께서 그 거대한 계획 속에 당신을 포함시켜 그분의 사랑하는 아들의 나라로 옮기신 사실에 가슴 떨리지 않습니까? 그렇다면 '그분의 역사'를 공부해 봅시다!

"창, 타, 홍, 바, 예, 십, 다!"

다시 오실 주님을 기다리며,
노휘성 드림

1강
놀라운 창조 세계

#01
바다와 하늘에서 무슨 일이?

> **시 98:7**
> 바다와 거기에 가득 찬 것들과 세계와 거기에 살고 있는 것들도
> 뇌성 치듯 큰소리로 환호하여라

1) 놀라운 바다 생물들

(1) 바다 생물들은 창조 몇째 날에 창조되었는가? _____

말씀 쓰기 | 창 1:21

(2) 성경에 의하면, 하나님께서는 (　　　　　　)을 가장 먼저 창조하셨다. 진화론에서 주장하는 작고 단순한 생물에서 크고 복잡한 생물로의 점진적 생성이 아니라, 처음부터 (　　　　) 완전하게 창조하셨다.

(3) 하나님께서 바다 생물에게 주신 능력을 연결하시오.

남극하트지느러미 오징어 •　　　　　　　　• 자기장의 방향을 감지하여 약 2만 km를 여행하고 고향으로 돌아옴

갯가재 •　　　　　　　　• 큰 눈으로 인간의 144배의 빛 흡수

발광 플랑크톤 •　　　　　　　　• 루시페린이 옥시루시페린으로 산화되어 푸른 빛을 냄

카이트핀 상어 •　　　　　　　　• 멜라토닌 호르몬을 이용해 빛을 냄

태평양 연어 •　　　　　　　　• 자기 몸무게의 1000배 충격량을 견디는 강력한 앞다리

→ 남극하트지느러미 오징어

(4) 전구가 빛나려면 전기 회로가 필요하듯, 바다 생물도 발광하기 위해 화학 회로가 필요하다. 내비게이션이 인공위성과 통신해 위치를 파악하듯, 연어나 칠성장어와 같은 바다 생물들은 자기장을 감지해서 위치를 파악한다. 누가 이런 능력을 주었을까? 생물 안에 있는 놀라운 능력을 보며 무엇을 느끼는가?

나의 믿음에 적용하기

> **Acknowledge God!**
> 만물을 창조하신 하나님을 (   )하라!

　믿음의 출발점은 하나님이 하늘과 땅, 만물을 말씀으로 지으셨음을 믿는 것이다. 암수로 구분된 모든 생물들은 처음부터 모든 기능을 갖춰야만 생존과 번식을 할 수 있다. 이는 오랜 세월 점진적 변화가 아니라 처음부터 완벽한 설계를 필요로 한다.

　창조주의 지혜와 능력, 선하신 성품이 만물에 드러났음을 인정하는 것이 우리가 하나님께 보여야 하는 **정직한 반응**이다. 주변 생물에서 하나님의 손길을 느낄 때마다 만물을 다스리고 생명을 주시는 하나님을 기억해야 한다.

말씀 쓰기 | 히 1:3

말씀 쓰기 | 시 104:24-25

2) 놀라운 하늘의 새들

(1) 하늘을 나는 새들은 창조 몇째 날에 창조되었는가? _____

(2) 극제비갈매기는 지구의 (　　　　)을 이용해 S자 곡선으로 에너지 효율 높은 비행을 한다. 큰뒷부리도요는 장거리 비행 전 (　　　　)을 키우고 간, 콩팥, 위장, 창자와 다리 근육은 줄인다. 이들은 매년 수만 km를 이동하며 목적지와 고향에 정확히 도착한다. **이 능력이 우연일까?**

_____

보잉 747 한 대는 약 600만 개 부품으로 구성되며, 사람 세포 하나에는 무기물을 제외하고 약 1조 개 부품이 있다. 비행기가 무작위로 만들어질 수 없듯, 세포도 무작위 화학 반응으로 생길 수 없다.

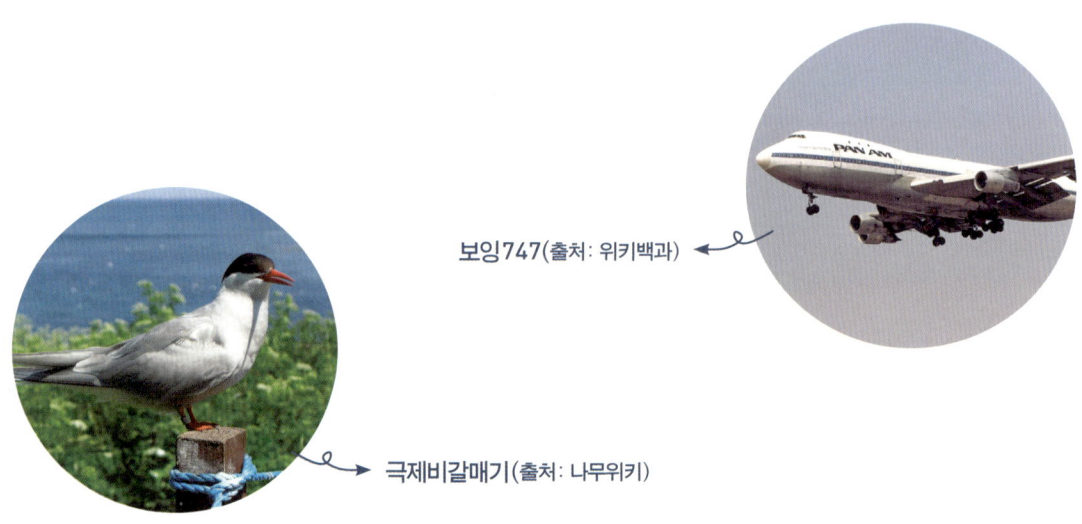

보잉747(출처: 위키백과)

극제비갈매기(출처: 나무위키)

나의 믿음에 적용하기

> **Praise God!**
> 그 무엇과도 비교할 수 없는 위대한 일을 행하신 하나님을 (   )하라!

하나님께서는 "바다의 물고기와 하늘의 새와 땅에 움직이는 모든 생물을 다스리라"고 하시며 우리에게 모든 피조물을 맡기셨다. 우리를 위해 만물을 창조하고 베푸신 하나님의 인자하심과 선하심을 찬양하는 것은 마땅한 행위이다(사 43:21).

말씀 쓰기 | 마 10:29-31

Trust God!
만물을 다스리시고 책임지시며 돌보시는 하나님을 (　　)하라!

　예수님은 참새 한 마리도 하나님 허락 없이는 떨어지지 않는다고 하셨다. 이는 모든 생물이 하나님의 (　　) 아래 있음을 뜻한다. 또 하나님께서 우리의 머리카락까지도 다 세어 놓고 계시니 두려워하지 말라고 하셨다. 이는 우리의 아주 사소한 일조차 하나님의 (　　)과 돌보심 아래 있음을 의미한다. 하나님은 우리를 끝까지 책임지시니, 날마다 하나님을 신뢰하고 의지해야 한다.

#02
땅과 숲에서 무슨 일이?

1) 놀라운 땅의 동물들

(1) 땅을 기는 생물들은 창조 몇째 날에 창조되었는가? _____

(2) 하나님께서 여러 땅의 동물에게 주신 독특한 능력을 연결해 보시오.

장수풍뎅이 •   • 단백질 수천 가닥을 꼬아 7가지 종류의 줄을 생산

거미 •   • 발바닥의 미세한 강모와 섬모에 의한 강력한 접착력

개코도마뱀 •   • 피부에서 독특한 물질이 분비되어 햇빛 차단, 보습,
                           항생제 역할

하마 •   • 다공성 나노 격자 구조에 의해 습도에 따라 색이 변
                           함

(3) 과학자들은 장수풍뎅이 등딱지, 거미줄, 개코도마뱀의 발바닥 등에서 신기술을 배운다. 생물에 담긴 뛰어난 지혜의 이유는 무엇인가?

말씀 쓰기 | 롬 11:33

2) 번개가 하는 일

번개치는 하늘

(1) 번개는 구름 음전하와 지면의 양전하 사이 불꽃 방전이며, 초속 10만 km 속도로 이동한다. 천둥은 초속 340m로 번개보다 늦게 들린다. 외딴 곳에서 밤새 천둥번개가 치면 어떤 기분인가?

_____

_____

모든 인간에게 '두려움'이 있는 이유는?

_____

(2) 천둥번개는 무섭고 재해를 일으키지만, 대기 중 (　　　)를 질소산화물로 바꿔 연간 (　　　　　　　) 톤의 질소를 땅에 공급해 동식물에 유익하다.

하나님께서 창조 몇째 날에 식물을 창조하셨는가? 식물을 지으신 이유는?

> 말씀 쓰기 | 창 1: 29

> 말씀 쓰기 | 시 104:14

(3) 하나님께서 사람에게 채소와 열매를, 동물에게 푸른 풀을 (　　　　)로 주셨다(창 1:29-30). 처음 세상은 사람과 모든 동물이 채식하여 평화로운 상태였다. **먹고 먹히는 먹이사슬, 피흘림과 생존경쟁, 그리고 죽음은 완전한 창조 세계의 모습이 아니다.** 고통과 죽음은 아담과 하와의 죄 이후 하나님의 (　　)로 시작되었고, 모든 인간은 하나님의 심판을 피할 수 없게 되었다.

자라나는 채소들

나의 믿음에 적용하기

> **Remember your judge!**
> 창조주 하나님은 인간에게 (   )을 주시며,
> 공의에 따라 죄에 대해 (   )하시는 분이심을 기억하라!

하나님은 거룩하시며 죄와 함께하실 수 없다. 그러나 하나님은 창세 전부터 우리를 그리스도의 피로 구속하시기로 예정하셨고, 예수님의 십자가 대속으로 우리를 구원하셔서, 하나님과의 (   )를 회복하게 하셨다.

말씀 쓰기 | 요 3:36

창조주 하나님을 인정하면, 하나님의 '법'을 따라야 한다. 그러나 아담의 불순종으로 모든 인류가 죄 아래 놓이게 되었다. 반면, 예수 그리스도는 온전한 순종으로 구원의 문이 되셨다.

#03
우리 몸에서는 무슨 일이?

1) 놀라운 손

(1) 하나님께서 식물과 동물을 창조하실 때 반복하신 말은?(창 1:11-25)

_____

(2) 반면 사람을 창조하시면서 달라진 표현은?(창 1:26-27)

_____

> **말씀 쓰기 | 창 1:27**
>
>

인간은 동물과 물질적으로 유사성을 갖지만, '인격과 영'을 가진 점에서 구별된 존재다. 유전정보, 인격, 영 이 세 가지는 (   ) 으로 생길 수 없다. 또 DNA나 단백질 같은 물질 단위로 내려갔을 때 그 속에 (   )이 있지 않다. 인간은 처음부터 하나님께로부터 생명과 (   )을 받았으며, 하나님의 형상대로 완전하게 창조되었다.

1강 • 놀라운 창조 세계

(3) 사람의 손가락 마디 길이는 (　　　　　)을 이루며, 이는 (　　　　　) 1:1.618에 수렴한다. 해바라기씨, 솔방울, 꽃잎, 조개 껍질, 귓바퀴, 은하 등 자연물에 나타나는 피보나치수열의 반복은 우연일까, 의도된 창조일까?

---

2) 놀라운 눈

눈과 홍채

(1) 사람 눈의 (　　)는 동공 크기를 조절하며, 이는 개인을 식별할 때 사용된다. 홍채는 멜라닌 양에 따라 눈 색깔을 정하며, 약 266개의 패턴으로 (　　　　) 오류율을 가진다. 이는 지문보다 훨씬 적은 오류율이다.

(2) 빛은 눈으로 들어와 망막 시세포에 도달하며, 시세포의 표면적은 (　　　　) 정도의 넓이이다. 시세포는 빛을 전기 신호로 바꿔 뇌로 보내고, 뇌는 이를 분석해 사물의 모양, 색, 명암, 운동을 인식한다.

　안과학 교수 존 스티븐스는 망막 처리 속도를 슈퍼컴퓨터와 비교하며, 우리 눈의 1초 처리량을 흉내 내려면 1메가플롭스 컴퓨터로 (　　　) 이상 걸린다고 말했다. 이는 눈이 우연한 진화 산물이 아님을 보여준다.

말씀 쓰기 | 잠 20:12

말씀 쓰기 | 시 94:9

하나님은 우리의 눈과 귀를 지으신 분일 뿐 아니라, 우리의 모든 소리를 들으시고, 우리의 모든 삶을 보시는 분이시다. 우리는 주님 앞에서 아무것도 숨길 수 없다.

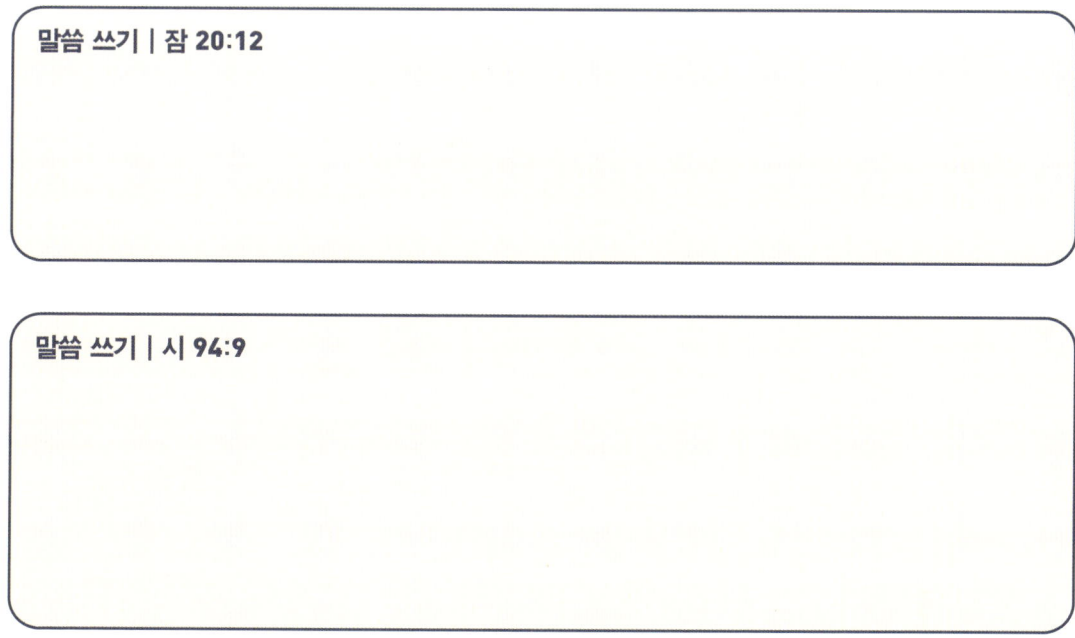

막 10:51-52
예수께서 말씀하여 이르시되
"네게 무엇을 하여 주기를 원하느냐"
맹인이 이르되 "선생님이여 보기를 원하나이다"
예수께서 이르시되
"가라 네 믿음이 너를 구원하였느니라" 하시니
그가 곧 보게 되어 예수를 길에서 따르니라

마가복음 10장에서 예수님은 소경 바디메오의 눈을 "가거라, 네 믿음이 너를 구원하였다"라고 말씀해 고치셨다. 예수님은 특수의료장비로 진단하지 않아도 창조주로서 우리 문제를 다 아시고, 말씀으로 모든 것을 고치실 수 있다. 우리는 바디메오처럼 예수님의 이름을 부를 수 있다. 문제를 주님께 맡기고 따르는 '믿음'만 있으면 된다. **예수님의 이름을 부르며 간구할 문제들을 적고 자신을 온전히 주님께 맡기며 기도하라.**

Eustache Le Sueur의 그림 "Christ Healing the Blind Man"(1645)

3) 놀라운 태아

4W 태아 크기는 10,000배 커지고 혈관과 탯줄이 생긴다.

6W 소화계, 척추, 팔, 다리가 형성되고 뇌파가 측정된다.

8W 뇌와 신경세포의 (   )가 형성되고 시신경, 청각신경, 뼈, 근육이 발달한다. 그리고 손가락과 발가락이 갈라져 열 개씩 구분된다.

태아의 크기가 (   )인 상태에서, 8주 만에 많은 조직과 기관이 형성된 것은 놀랍다.

12W 솜털이 나고 손가락을 빨며 딸꾹질을 하고 팔과 다리를 움직이고 생식기가 구별된다.

14W (   )이 형성되어 쌍둥이도 다르며 평생 고유 무늬를 유지한다.

20W 머리털과 손발톱이 나고 태동하며 외부 소리를 듣고 (   )을 느낀다. 뇌는 매초 (   ) 뉴런이 생성되어 출생 시 약 1000억 개에 이르게 된다.

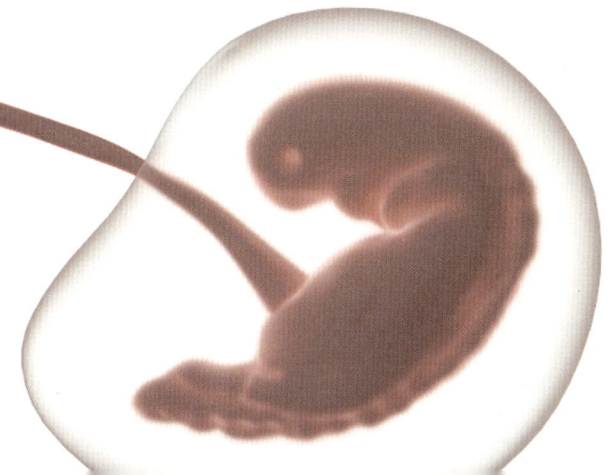

우리 각 사람에게는 그 누구도 같지 않은, 나 자신만이 갖는 지문, 홍채 무늬, 안면, 목소리, 그리고 DNA가 있다. 나는 이 세상에서 (   ) 존재이다. 하나님께서는 나와 닮은 존재가 단 한 사람도 없도록 고유하게 엄마의 모태에서 지으셨다.

그래서 내 뼈 중에 하나라도 주님 앞에서는 숨길 수가 없다.
그리고 우리 삶 전체를!

나의 믿음에 적용하기

> Obey God!
> 우리의 삶이 시작되기도 전에 우리의 인생을 다 아시는
> 창조주 하나님께 (   )하라!

하나님께서는 우리의 몸뿐만 아니라, 우리의 인격과 우리의 생각도 아신다. 또한 우리의 삶 전체를 아신다. 그분은 우리의 날들이 시작되기도 전부터 우리의 모든 것을 아시는 분이시기에 우리에게 진정한 해결책을 주실 수 있는 분이시다.

하나님의 계획을 신뢰하라.
하나님 안에는 우리 인생을 향한 놀라운 계획이 있다.
그리고 그분의 계획은 완벽하다.

1강 마무리

이번 과를 배우며 가장 깊이 다가온 내용과 내 영혼에 하나님의 음성으로 들려주신 내용을 기록하고, 최소 한 사람과 나누시오.

과제 체크

☐ 〈말씀 쓰기〉를 모두 수행했습니까?
☐ 지난 강의 내용을 복습했습니까?
☐ 〈나의 믿음에 적용하기〉를 읽고 내 말로 기록했습니까?
☐ 〈마무리〉를 완성했습니까?
☐ 내가 깨달은 내용을 한 명 이상의 사람과 나누었습니까?

2강
창조를 버린 사람들

우리가 보는 '사실'을 개강 예배 설교나 오리엔테이션 강의로 떼어내어 진행할 수도 있다.

#01
우리가 보는 '사실'

"우리 몸은 아주 정교하고, 우주는 매우 질서정연하다."

1) 우리 몸은 물질만 있으면 만들어질까?

(1) 우리 몸을 구성하는 재료는?

우리 몸 주요 원소인 탄소, 산소, 수소, 질소 등은 지구에 흔하지만, 이들이 있다고 해서 생명체에 쓰이는 유기 분자가 쉽게 생기는 것은 아니다. 우리 몸에 필요한 약 10만 가지 기능적 단백질들은 세포 밖에서 (   ) 합성되지 않는다.

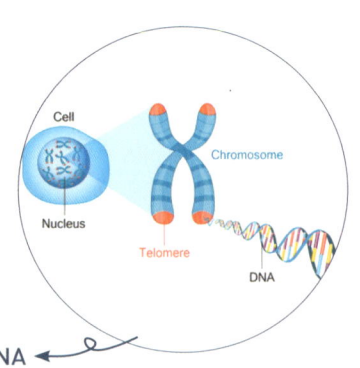

염색체와 DNA

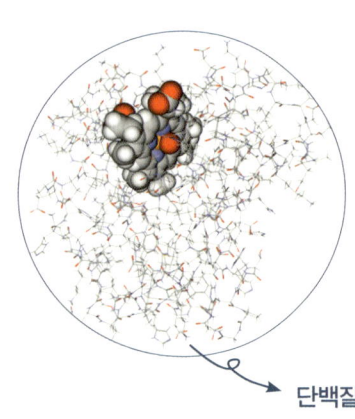

단백질 헤모글로빈 구조

- 기능적 단백질을 만들려면?

인간 게놈은 약 20,000-25,000개의 단백질 코딩 유전자를 가지고 있다. 게놈 속 (   )는 아미노산을 순서대로 연결해 기능적 단백질을 만드는 정보를 담고 있다. 그러므로 기능적 단백질이 만들어지려면 우선 '정보'가 필요하다.

(2) 조직과 기관이 만들어 지려면?

태아 형성 과정에서 세포는 각 세포의 위치에 따라 (   )에 반응하여 간, 위, 심장, 콩팥, 폐 등의 특정 조직으로 분화된다. 발생과정은 여전히 많은 미해결 문제를 포함하고 있으나, 조직과 기관의 형성은 모두 부모로부터 물려 받은 (   )에 의해 조절된다.

(3) 세포-조직-기관-계-연합체

골격계, 호흡계, 순환계, 소화계, 면역계, 근육계 등 여러 시스템이 연합해 몸 하나를 이루어 살아 있는 (   )가 된다. 이 모든 상호작용 또한 '정보'에 의해 지시되고 조절되고 수행된다.

그러므로, 물질 재료만으로는 몸을 만들 수 없으며, 복잡하고 적확한 기능을 하는 '정보'가 선재해야 함을 알 수 있다. 동시에 세포 안에는 정보를 시행할 기관들이 존재해야 한다. 그런데 정보는 (   )의 산물이므로, 생명체가 존재하기 위해서는 매우 뛰어난 (   )가 먼저 있어야 한다.

2) 행성, 태양, 은하계는 물질만 있으면 만들어질까?

(1) 거대한 질량 덩어리

흙과 돌을 뭉쳐 지구를 만들고, 수소와 헬륨을 뭉쳐 태양을 만든 것은 무엇이며, 우주의 천체가 무너지지 않는 이유는 무엇인가?

(2) 질서정연한 궤도 운동

케플러는 1619년 행성 공전 주기 제곱이 거리 세제곱에 비례하는 (   )을 발견했다. 우연히 가스와 먼지가 뭉쳐 별과 행성이 됐다면, 공전 주기와 거리 사이에 일정한 수학적 규칙성이 존재할 수 있을까?

(3) 쿼크 – 양성자, 중성자 – 원자핵 – 원자

원자핵 속 양성자와 중성자는 쿼크 세 개로 이루어져 있는데, 쿼크가 하드론을 만들려면 양자색역학이라는 정교한 법칙이 필요하다. 누가 그 쿼크들을 묶는 정교한 힘 (   )을 조율해 놓았을까? 물질세계가 질서 있게 존재하기 위해서는 우주의 가장 기본적인 수준부터 (   )에 의해 다스려져야 함을 알려준다.

거대한 질량덩어리인 태양과 행성들

나의 믿음에 적용하기

말씀 쓰기 | 롬 1:20

우주에는 질서와 규칙성이 있으며, 생명체는 정교하고 복잡하다. 이 아름다움과 다양성은 놀라운 지혜와 권능으로 법칙과 유전정보를 만드신 분, 선한 인격으로 질서와 조화를 이루신 분이 계시다는 것을 알려준다.

그런데, 은하, 별, 꽃은 그 창조자가 '누구'인지 알려주지 않는다. 과학자와 철학자도 이 세계의 궁극적 존재를 이성과 경험만으로는 알 수 없다. 인간은 스스로 창조자와 창조의 목적을 알 수 없으며, 오직 창조주가 (   )로 직접 알려줘야 한다.

'성경'이 없으면 우리는 (   )과 하나님의 법을 알 수 없다. 이는 첫 사람 아담도 마찬가지이다. 하나님께 직접 들은 (   ) 없이는, 보이는 세계가 왜 존재하고, 사람을 왜 지으셨으며, 하나님의 은혜와 생명을 영원히 누리기 위해서는 무엇을 지켜야 하는지 전혀 알 수 없었다.

처음부터 인간은 하나님의 말씀을 '믿고'
그에 따라 세계를 해석하도록 지어졌다.

말씀 쓰기 | 사 48:17

그러므로, 하나님의 계시를 버리면, 인류는 언제나 다음 세 가지 문제에 빠진다.

하나님의 계시를 버리면, 참된 (　　　)을 알 수 없다.

하나님의 계시를 버리면, 하나님의 (　　　)에서 떠나게 된다.

하나님의 계시를 버리면, (　　　　)를 하게 된다.

#02
위험한 생각의 역사

하나님은 가상적인 존재다?

1) 처음 사람에게 들어온 위험한 생각

(1) 무엇이 위험한 생각인가? _____

(2) 하나님께서 아담에게 직접 말씀하신 특별 계시는 "네가 선악과를 먹는 날에는 반드시 죽으리라"였다. 그러나 사탄은 하와에게 "하나님이 참으로 너희에게 동산 모든 나무의 열매를 먹지 말라 하시더냐?"고 묻는다. 하와는 "하나님의 말씀에 너희는 먹지도 말고 만지지도 말라 너희가 죽을까 하노라"고 답한다. 그런데 하나님은 만지지도 말라고 말씀하시지 않았다. 또한 하나님은 '죽을 수도 있다'가 아니라 '반드시 죽는다'고 말씀하셨다. 그러나 하와는 하나님께서 말씀하신 것과 (   ) 생각하고, (   ) 말하였다.

아담과 하와는 온전히 계시의존적이지 않았고
자아 의존과 자기 해석을 더 존중했다.

(3) 우리의 생활에서 하나님께서 하신 말씀과 다른 생각, 다른 말, 다른 해석이 들어오면 어떻게 해야 할까?

_____

아담과 하와는 어떻게 했는가?

_____

2) 고대에서 근대로 이어진 위험한 생각

(1) 고대 그리스에서 기원전 6~5세기경 자연철학자들

- 자연철학자들은 만물의 근원을 (   ), (   ), (   ), 또는 (   )라 했으며, 모두 (   ) 사상을 전제했다.
- 프라타고라스는 "인간이 만물의 척도다"라며 (   )의 기준을 인간 자신에 두었고, 이러한 물질 중심 사상은 (   ), 즉 인본주의로 이어진다.

(2) 12-15세기 유럽의 위험한 생각

- 고대 그리스 철학 작품이 유입된 시기로, 초기에는 이슬람을 통해 아리스토텔레스 자연철학이, 후기에는 비잔틴 학자를 통해 플라톤 대화편과 유클리드 기하학이 전해졌다. 이로써 이성과 신앙의 조화와 철학과 신학의 통합을 추구하는 스콜라 철학이 형성되었다.
- 그리스-로마의 고전은 유럽 사고에 (   ) 관점을 심었고, 부유한 상

인 후원과 상업 발전으로 교회와 독립된 학술 기관, 문화예술, 대학이 성장했다. 인쇄술 보급과 함께 세속 지식이 대학에서 확산되며 (　　　) 문화운동이 일어났다.

(3) 근대 유럽의 위험한 생각

- 고대 그리스 인간중심철학은 유럽 사상에 영향을 주어, 성경보다 (　　)을 우위에 두게 했다. 결국 모든 지식과 가치의 기준을 인간 이성으로 삼는 '계몽주의'가 유행하게 되었다.

① 흄의 자연주의

흄은 모든 지식은 (　　　)에서 나온다고 보고, 진리도 이성이 만들어내는 자연적 결과라고 정의했다. 이러한 '자연주의'는 존재하는 모든 것의 총합을 (　　　)로 보며, **이성이 접근할 수 없는 것은 진리의 대상이 아니라고 본다.** 이러한 관점은 궁극적 실체[신, 영혼, 특별계시 등]를 알 수 없다는 결론으로 이끌어 (　　　　)에 빠지게 한다.

② 칸트의 진리관

칸트는 인간 자아에 내장된 생각의 틀로 이해할 수 있는 것만 '앎의 대상'으로 보았다. 따라서 감각이나 이성으로 설명할 수 없는 성경, 초월적 하나님, 영혼 등은 진리로 인정하지 않았다. 하지만 그는 신과 영혼의 존재를 완전히 부정하지는 않았다. 그것은 실제로 존재하기 때문이 아니라, 사람이 (　　　　　) 을 위해 '필요하다고' 생각했기 때문이다. **칸트는 하나님을 인간의 요청에 의해 가상적으로 설정되는 존재로 만들었다.**

③ 헤겔의 계시관

헤겔은 신을 (　　　　)이라고 했다. 그 신은 성경에서 말하는 창조자가 아니라, 세계 안에 존재하며 사람들의 생각과 역사가 발전하면서 드러나게 될 완전한 '인식'같은 것이다. 헤겔은 (　　　)을 살아계신 하나님이 직접 행하고 말씀하신 기록이 아니라, 전설이나 신화와 같은 종교 문서로 여겼다. 그는 '계시'를 인간의 정신이 역사 속에서 점차 발전하며 나타내는 철학적 사유의 결과로 여겼다. 결국 헤겔은 **신을 인간 관념의 산물로 만들었다.**

> 고대에서 근대로 이어진 위험한 생각의 출발은
> '유물론적 기원관'이었으며, 창조를 버린 인간들은
> 끊임없이 인간 이성을 사고의 중심에 두는 사상을 발전시켜
> 결국 하나님의 계시를 인간의 문학 작품으로 전락시키기에 이르렀다.

3) 창조를 버린 과학자들

(1) 19세기: 자연주의 사상에 영향을 받은 과학자들은 (　　　　)를 부정하고, 인간의 경험과 이성으로 인간의 기원을 설명하려 했다. 그 결과, 인간이 이전 동물 단계로부터 출현했다는 가설을 만들어냈고, 그러한 접근을 '과학'이라고 부르며 진화론이란 학문을 등장시켰다.

(2) 프랑스의 라마르크: (　　　　)을 주장하며 인간이 원숭이에서 비롯됐다고 주장했다.
→ 하지만 후천적 변화는 (　　　　　　)을 바꾸지 못하므로, 그의 주장은 진화를 뒷받침하지 못한다.

(3) 영국의 다윈: 환경에 적응한 것이 살아남아 새로운 종으로 변화해간다는 (　　　　)을 제시했고, 오랜 세월 변화가 쌓여 다양한 생물들이 생겼다고 주장했다.

→ 자연선택은 유전자를 바꿀 능력이 없고, 환경에 적응한 개체들의 (　　　)만 변화시키므로 진화의 원리가 될 수 없다.

(4) 독일의 헤켈: 척추동물의 배아 상태를 비교하며 (　　　　)을 제시했고, 인간과 척추동물이 같은 공통조상에서 진화했기에 배아에서 진화 단계를 반복한다는 주장을 했다.

→ 헤켈은 인간과 척추동물의 배아가 비슷해 보이도록 그림을 조작했으나 이 사실이 잘 알려지지 않은 채 여러 나라에서 100년 넘게 진화의 증거로 사용되었다.

자연주의 사상은 '유물론적 기원론'만을 허용하여 창조는 '신앙', 진화 가설은 '과학'이라는 프레임으로 현대인의 사고를 가두었다.

나의 믿음에 적용하기

말씀 쓰기 | 요 1:3-5

계몽주의에 덮여 이성과 경험을 진리의 기준으로 삼은 19세기 중반에도, 성경을 틀림없는 하나님의 말씀으로 믿는 그리스도인 과학자들이 있었다.

대표적으로 파스퇴르(1822-1895)는 자연발생설을 반박하고, 백조목 플라스크 실험으로 (　　　　　)을 정립했다. 파스퇴르는 플라스크 입구를 독특하게 설계해 공기는 들어가고 공기 중 세균은 통과하지 못하게 하였다. 실험은 고깃국물에서 저절로 아무 생명체도 생기지 않음을 보였다. 이는 충분한 영양물질이 있어도 외부로부터 생물이 유입되지 않는 한, (　　　)에서 생물이 저절로 생기지 않음을 입증한 것이다. 오직 '생물은 생물로부터만' 번식한다는 것을 증명한 것이다. 그의 공로를 인정해 1864년 프랑스 아카데미는 파스퇴르에게 대상을 수여했다.

- 요한복음 1장 4-5절은 "창조된 것은 그에게서 생명을 얻었으니"(표준새번역)라고 말씀한다. **성경은 이 세상에 존재하는 모든 생명은 어디에서 그 생명을 얻었다고 가르치는가?**

_____

- 학교 교과서는 최초의 생명체가 물질의 화학반응으로부터 발생했다고 가르친다. 그러한 진화론의 설명이 사실이라면, **생명의 근원은 무엇이며, 성경의 가르침과 어떤 관계인가?**

_____

- 물질에서 어떻게 생명체가 생겨나는지 관찰과 실험으로 밝혀진 적이 없다. 그럼에도 불구하고 진화가 실제 일어난 일인 것처럼 가르쳐지는 현실에 대해 당신은 어떻게 생각하는가? **그렇다면 우리는 무엇을 해야 한다고 생각하는가?**

_____

_____

파스퇴르

2강 • 창조를 버린 사람들   041

#03
위험한 생각이 사회에 적용되면?

강한 자는 살아남고 약한 자는 제거되는 것이 자연의 법칙일까?

1) 개 순종 족보 만들기?

20세기 초 영국과 미국에서 개가 순종임을 증명하기 위해 족보를 만들고, 각 품종의 외모, 크기, 색상, 털 등을 정의하며 혈통을 공식 문서로 인증하는 붐이 있었다.

순종 만들기는 직계 간 교배를 필요로 했고, 원하는 외모를 위해 근친 교배를 반복했다. 원하지 않는 개들은 '부적합' 판정을 받아 안락사나 비밀 처분되었으며, 이를 암묵적 (　　　)라 불렀다.

이런 현상은 19세기 후반 유럽, 학교에서 진화론이 가르쳐져 '자연선택'으로 더 나은 생물이 된다는 믿음이 퍼진 데서 비롯되었다. 당시에는 유전법칙과 돌연변이를 몰라 근친 간 인공선택이 (　　　)을 증가시키고, (　　　)을 감소시킨다는 것을 알지 못했다.

2) 인류를 빠르게 진화시킨다?

(1) 프란시스 골턴: 적자생존 개념을 인간에게 적용해 범죄성향, 정신질환, 신체장애 등 '**바람직하지 않은**' 특성을 가진 사람들의 번식을 제한해야 한다고 했다. 그는 이를 통해 사회 문제를 줄이고 진화적 퇴행을 막을 수 있다고 보았다.

(2) 우생학: 골턴은 사회적으로 우수한 특성을 가진 사람들의 결혼과 출산을 장려해 인류 유전 품질을 높일 수 있다고 믿었다. 그는 인간의 지능, 성격, 신체 특징을 객관적으로 측정해 인구 품질을 평가하고 정책에 활용해야 한다고 주장했다. 반면, (　　　　) 사람들의 출산은 제한해야 한다고 했다.

(3) 우생학은 백인 중심 인종 개량과 노예 제도를 옹호하는 데 이용되었다. 20세기 초 미국과 유럽에서는 (　　　　)을 통해 강제 불임화가 시행되었고, 나치는 우생학을 근거로 (　　　　)를 정당화했다. 우생학은 선택적 낙태 정책의 기반이 되었으며, '바람직하지 않은 생명체' 제거를 정당화해 낙태 합법화에 기여했다.

3) 우수한 민족은 살아남기고, 열등한 민족은 제거한다?

(1) 배반복설을 주장했던 진화생물학자 **헤켈**은 물질과 에너지가 영원하다고 믿은 유물론자였으며, "(　　　　)은 동식물들은 물론 우리 인간의 삶에 있어 언제 어디서나 단지 선택받은 소수만이 번성하며 대부분의 존재들은 처참하게 굶주리고 비참하게 된다는 사실을 가르쳐준다"고 말했다. 그는 신체 부자유자와 나치병 환자를 '부적합한 자'로 규정하고, 이들을 빠르게 죽이는 독약 개발에 참여했다.

(2) 히틀러: 유대인, 로마인, 아프리카인, 슬라브인을 유전적으로 (　　　　) 인종으로 규정하고, 아리아인을 (　　　　) 인종이라 주장했다. 히틀러와 나치는 진화론을 근거로 인종을 구분하고, 제한된 공간에서 생존 투쟁은 자연스러운 과정이라고 보았다. 히틀러는 부적합한 자 제거로 (　　　　)를 촉진할 수 있다고 믿고, 독가스를 개발해 강제 단종과 학살을 실행했다. 나치의 홀로코스트로 수천만 명이 사망했다.

나의 믿음에 적용하기

말씀 쓰기 | 레 19:13-14

진화의 기본 원리는 환경에 적응 못하거나 신체에 문제가 있는 개체는 도태되고, 적응 잘하는 개체는 살아남는 것이다.

만약 지구 역사가 진화를 통해 수많은 생물이 출현했고, 인간이 수백만 년의 진화를 거쳐 호모 사피엔스가 되었다면, 이 자연법칙에 따라 약하고 부족한 존재를 제거하는 것을 당연하다고 장려해야 하며, 도덕적 판단이나 배려는 필요 없을지도 모른다.

- 진화의 원리가 하나님의 성품에 어울린다고 생각하는가?

- 레위기 19장 13-18절에는 이웃에게 어떠한 인격적 존중을 해야 하는지 나와있다. 약자를 배려하고, 생명을 존중하고, 이웃을 사랑해야 하는 이유는 무엇인가?

성경은 "너는 하나님을 두려워해야 한다. 나는 주다."(레 19:14)라며 약자를 배려하고 눈 먼 자, 듣지 못하는 자를 보호할 것을 명령한다. 또한 "너는 네 이웃의 생명을 위태롭게 하면서까지 이익을 취해서는 안 된다. 나는 주다."(레 19:16, 표준새번역)라고 하시고, "너의 이웃을 네 몸처럼 사랑하여라. 나는 주다."(레 19:18)라는 율례를 주셨다.

진화론이 사실이라면 약자를 배려하거나 보호할 의무가 없으며, 누군가 "생존을 위해 불편한 존재를 제거하는 것이 옳다"고 주장해도 틀렸다고 할 수 없다. 따라서 진화의 원리는 "네 이웃을 네 몸처럼 사랑하라"는 **하나님의 성품**과 상반됨을 알 수 있다.

정말 창조주 하나님께서 수십억 년 동안 적자생존과 도태, 죽음과 멸종이 반복되는 과정을 통해 사람을 만들었을까? 그렇다면 그분은 성경의 하나님이 아니시다. 진화에서 말하는 원리들은 **하나님의 성품**에 모순을 일으키므로 하나님의 (　　　) 방식일 수 없다.

하나님은 태초에 생물을 처음부터 완전하게 종류대로 만드셨고, 사람을 하나님의 형상대로 특별하게 만드셨다. 그리고 창조 직후 "보시기에 좋았다"고 증언해 주셨다.

인간이 범죄하기 전,
하나님의 선한 창조 세계에는 '적자생존'이 없었다.

#04
진화론적 세계관이 만들어낸 위험한 사상들

1) 진화론과 한 뿌리에서 나온 공산주의

(1) 마르크스에게 인류 진화의 법칙이란?

마르크스는 다윈의 '생존경쟁'을 (　　　　)으로 바꾸어, 진화 원리를 인류 역사에 적용하려 했다. 적합한 자는 노동자, 부적합한 자는 자본가로 보고, 자본가는 제거되어야 한다고 주장했다.

노동자가 투쟁해 자본주의를 무너뜨리고 (　　　　)을 국가에 귀속시켜 공산당이 분배해야 한다고 주장했다. 이를 통해 유토피아를 이루는 것이 인류 역사의 진보라고 보았다.

(2) 나의 행복을 위해 남의 것을 빼앗아라?

공산주의는 겉보기엔 모두에게 평등하게 나누자는 좋은 생각처럼 보인다. 그러나 실제로는 (　　　)을 빼앗아 나누자는 주장이다. 국가가 모든 생산수단을 소유하고 공산당이 이를 관리하게 되면, 반드시 공산당이 국민을 통제하는 억압적 체제가 된다. 결국 사회주의 국가는 평등이 아니라 개인의 (　　　)를 억압하면서 소수 공산당이 지배하는 (　　　　) 국가가 된다.

(3) 100여 년 전 러시아 혁명

(   )은 유럽에서 다윈의 진화론과 마르크스 공산주의를 배웠다.

레닌은 '종교는 아편'이라 했고, 마르크스–레닌주의는 (   )을 바탕으로 폭력을 통한 혁명을 정당화했다. 이들은 (   )을 믿는 기독교를 혐오하여, 혁명이 일어난 곳마다 교회 문이 닫히고 기독교인은 탄압받았다.

스탈린은 원래 신학생이었지만 진화론에 빠져 공산주의자가 되었고, 우크라이나 부농들을 총살·굶주림·강제노동으로 천만 명이나 죽였다. 20세기 공산주의 혁명으로 희생된 사람은 약 1억 명이다.

다윈

나의 믿음에 적용하기

말씀 쓰기 | 출 20:17

말씀 쓰기 | 잠 4:14, 17

하나님은 약자를 돌보시는 긍휼의 하나님이시지만, 약자에게 남의 것을 빼앗을 권리를 주신 적이 없다. 남의 것을 빼앗거나, 내 이익을 위해 남을 해치는 것은 도둑질이며 폭력이다. '하나님의 공의'는 각 사람이 하나님이 주신 능력대로 노력해 자기 것을 소유할 자유와 권리를 갖고, 다른 사람의 생명과 소유도 존중하는 것이다.

하나님은 내 욕구를 채우기 위해 남의 것을 폭력으로 빼앗는 것을 (　　　　)이라고 말씀하신다. 소유도 하나님께서 주신 것이므로, 우리 각 사람은 청지기로서 정직하게 그것을 관리하고 하나님의 뜻을 위해 사용하며 이웃을 돌아보아 하나님의 복을 흘려보내는 (　　　　)로 살아야 한다.

2) 성해방과 공산주의가 결합한 신사회주의

(1) 나의 행복을 위해 성을 억압하지 마라?

1960년대 이후 공산주의는 새로운 모습으로 등장하였다. 20세기 초중반에는 계급투쟁으로 기존 질서를 무너뜨리려다 실패하자, 새로운 투쟁 방식으로 '성혁명'을 내세웠다.

이들은 성 해방을 실천하는 자를 적합한 자로, 성적 거룩을 지키는 자를 부적합한 자로 규정하며 (　　　　　　　)을 혐오 세력으로 규정했다.

이런 사상을 신사회주의[네오막시즘]라 하며, 문화와 교육을 통해 21세기에 들어온 새로운 공산주의 형태이다. 이들의 목적은 여전히 (　　　　　　)에 있으며, 성경에 기반한 제도인 자본주의, (　　), (　　)를 무너뜨리려 한다.

(2) 성혁명의 4가지 교육·문화 전략

성을 해방해야 진정한 행복이 온다고 주장하며, '성적 자기 결정권'을 인권으로 내세워 문화와 교육을 장악하고 있다.

> "평생 한 남자와 한 여자의 결합으로 가정을 이루어 사는 것은 지루하다."
> "애인은 마음 가는 대로, 나이·성별·혼인 여부에 상관없이 선택할 수 있다."
> "타고난 성과 상관없이 사회적 성은 자신의 느낌에 따라 선택할 수 있다."
> "임신해도 아기를 낳을지 말지는 여성 본인이 결정할 수 있다."

성해방이란 이름으로 성경적 질서인 남자와 여자, 성적 절제와 결혼, 가정 안에서의 임신과 출산을 나쁜 전통이라 낙인 찍고 혐오 세력으로 만들고 있다.

(3) 내가 최종 결정자야!

① 신사회주의자들은 혼인 여부와 상관없이 원하는 대로 애인을 사귈 권리가 있다고 주장한다. 남성-남성, 여성-여성 간의 관계도 인정하며, 동성 성행위를 죄가 아닌 우정과 친밀감 형성을 위한 (　　　　)로 본다.

② 성은 타고난 생물학적 성뿐 아니라 수십 가지의 (　　　　)도 있으며, 언제든 원하는 대로 새로운 성을 선택할 수 있다고 말한다.

- 파리올림픽에서 성전환한 남자 권투 선수가 여자 대회에 출전해 상대 여자 선수를 기권시키고 금메달을 땄다. 이것이 (　　　)으로 모두가 행복해지는 유토피아인가?

- 최근 미국 의사들은 어린이 성전환 수술이 100% (　　　　) 보고했다. 부모 동의 없이 청소년기에 성전환한 아이들의 고통을 누가 보상할 수 있나?

③ 신사회주의 세력의 다음 단계 전략은 창조 질서와 가정을 지키는 사람들을 억압하기 위해 (　　) 으로 통제하는 것이다. 포괄적 차별금지법은

'동성 성행위가 건강에 해롭다'
'에이즈는 남성 동성애자에게 많다'
'성전환은 심리적·사회적 어려움을 증가시키며 자살 충동을 높인다'
'동성애와 성전환은 창조질서에 어긋난다'
'성은 타고나는 것이며 바꿀 수 없다'
'동성애는 건전한 가정 제도를 파괴한다'

는 말을 (　　　)으로 규정해 처벌하려 한다. 차별금지법이 통과한 미국과 캐

나다에서는 남성 신체를 가진 사람이 여자 화장실과 탈의실 및 여성 스파를 사용하도록 허용했다. 또 영국에서는 10년간 소아·청소년 성전환이 (　　)배 증가했다.

④ 대한산부인과의사회는 한국에서 연간 100만여 명의 태아가 (　　)된다고 추정했다. 인간이 '성적 자기 결정권'을 내세워 결혼, 배우자, 성, 임신 등에서 무한 욕망을 추구한 결과, 성적 문란, 비혼, 가정 파괴, 저출산, 심리 문제, 에이즈 등 질병 증가와 수명 감소, 낙태법 폐지, 생명 경시 등 큰 재앙이 발생했다.

이 모든 현상들은 하나님이 계셔야 할 (　　　　　)자리에 인간 자신이 앉아 하나님의 법을 거부하고 자기 뜻을 높이며 자기를 숭배한 데서 비롯되었다.

진화론은 근본적으로 하나님의 법을 혐오하게 하고 창조 질서를 무너뜨리며 인간 자신을 숭배하게 한다.

나의 믿음에 적용하기

말씀 쓰기 | 마 19:6

말씀 쓰기 | 히 13:4

말씀 쓰기 | 골 2:8

　예수님은 이혼에 관한 질문에 창세기 1장과 2장의 말씀, 즉 **하나님의 계시에 근거해 답하셨다.** 여러분은 진화론, 동성애, 혼전 순결, 낙태 등과 같은 문제에 대해 무엇에 근거해 답하는가? 그리스도인의 모든 생각은 (　　　)에 근거해야 한다. 구약 레위기와 신약 히브리서는 혼인을 귀하게 여기고, 혼인 밖 성행위를 '간음'이라 규정한다. 잠자리를 더럽히는 것은 '하나님의 심판'의 대상이다. 노아 시대가 그 명백한 예다.

노아 시대는 노아 가족을 제외한 모두가 하나님의 법을 떠났다. 폭력이 만연했고 힘 있는 자들이 권력을 휘두르며 부패하며 자신을 법으로 삼았다. 사회는 무법천지가 되었고, '하나님의 아들들'은 성적으로 문란해 여자를 마음대로 취했고, 거룩한 가정은 무너졌다. 그 결과 (　　　　　　　)의 씨가 말라 버렸다. 하나님은 노아에게 "그 끝날이 이르렀으니, 사람과 땅을 멸하겠다"고 경고했다. 오늘날이 노아시대에 가깝다고 느껴지지 않는가?

> 하나님의 말씀과 다른 생각과 다른 문화는
> 우리 영혼을 노획물로 삼는다.
> 곧 떠나지 않으면 우리 영혼을 사로잡아
> 그리스도를 따르지 못하도록 할 것이다.

2강 마무리

이번 과를 배우며 가장 깊이 다가온 내용과 내 영혼에 하나님의 음성으로 들려주신 내용을 기록하고, 최소 한 사람과 나누시오.

과제 체크

- ☐ 〈말씀 쓰기〉를 모두 수행했습니까?
- ☐ 지난 강의 내용을 복습했습니까?
- ☐ 〈나의 믿음에 적용하기〉를 읽고 내 말로 기록했습니까?
- ☐ 〈마무리〉를 완성했습니까?
- ☐ 내가 깨달은 내용을 한 명 이상의 사람과 나누었습니까?

3강
몽땅 잠겨버린 지구

#01
전지구가 물에 잠겼던 증거?

1) 그 많은 해양 생물 화석들은 어떻게 만들어졌나?

(1) 수많은 해양 생물이 높은 산맥에 묻혀 있으려면?

_____

_____

(2) 레드월 석회암층의 노틸로이드 화석은 어떻게 형성되었나?

_____

(3) 떼로 묻혀 있는 고래 화석들은 어떻게 만들어졌을까?

_____

2) 화석이 알려주는 5가지 진실

(1) 높은 산맥과 협곡에서 해양 생물 화석이 많이 발견되는 것은 다량의 흙이 (　　　　　)을 덮은 뒤 광대한 지층이 융기하는 (　　　　)이 있었음을 보여준다.

(2) 해양 생물 화석은 전체의 약 95%를 차지하며, 선명하게 보존된 것이 많다. 이는 바다 속 해양 생물이 다량의 흙에 부패되거나 포식자에게 먹히기 전에 (　　　) 묻혔음을 뜻한다.

(3) 떼 지어 묻힌 화석, 배 속 먹이와 함께 혹은 입에 먹이를 문 채 묻힌 물고기, 출산 중 묻힌 익티오사우르스, 싱싱한 상태의 식물 화석 등은 피할 수 없는 (　　　) 속에서 묻혔음을 보여준다.

화석 무덤

(4) 대부분의 화석은 현대의 생물과 거의 유사하고, (　　　) 없이 완전한 형태로 발견된다.

(5) 육지동물 화석은 부서지고 섞인 채 (　　　) 상태로 발견된다. 이는 전 지구 육지가 물에 잠길 때, 육지동물이 (　　　)되어 훼손된 채 퇴적물과 함께 묻힌 상황을 암시한다.

3) 그 넓은 지층들은 어떻게 만들어졌나?

(1) 미국 15개 주에 걸쳐 쌓여 있는 코코니노 사암

한반도 전체에 (　　　) 두께로 쌓을 양의 코코니노 사암층은 (　　　　)의 운반으로는 설명되지 않는다. 모래만을 대륙 전역에 운반한 거대한 물의 사건을 필요로 한다. 더군다나 코코니노 사암은 생물 교란 없이 허밋 셰일층 위에 연속 퇴적되었다. 어떤 강물이 수백~수천만 년에 걸쳐 한 때는 붉은 진흙만, 그 다음엔 미색 모래만, 구분지어 운반할 수 있나? 이처럼 오랜 세월 점진적 퇴적 이론은 현실과 괴리된다.

(2) 태피트 사암 추적

지질학자들은 그랜드캐년 최하층인 태피트 사암의 (　　　　) 특성으로 같은 퇴적층이 북미, 캐나다, 그린랜드 동부, 스코틀랜드, 북아프리카, 이스라엘, 요르단, 사우디아라비아, 오스트레일리아 남부까지 연결됨을 밝혔다. 어떻게 여러 대륙에 걸쳐 같은 종류의 퇴적물이 쌓였을까?

이 많은 모래와 이를 운반한 물의 출처는 간단하지 않다. 다량의 모래를 만들 사건, 퇴적물을 운반할 물의 양, 이를 움직일 에너지를 종합적으로 고려하면 전 지구적 지각변동이 필요하다. 분명한 것은 (   )이 대륙을 휩쓴 막대한 사건이 필요하다는 점이다.

(3) 백악층의 막대한 규모

도버 해협의 흰색 백악층은 (   )으로 형성된 순수한 탄산칼슘 지층이다. 이 지층의 막대한 규모와 일관성은 골격 공급원과 형성 과정을 의문케 한다. 더불어 백악층에서 모사사우르스 같은 거대 해양 생물 화석과 바다 생물들이 함께 발견되어, 이 지층이 지질학적으로 아주 (   )에 퇴적되었음을 알려준다.

그랜드캐년의 지층

나의 믿음에 적용하기

말씀 쓰기 | 벧후 3:4-6

1800년대 중반, 화석과 지층을 오래된 (　　　)의 결과로 해석하는 지질학이 등장했다. 자연주의 지질학은 (　　)에 기록된 내용을 역사적 사실로 참고하기를 거부했다. 찰스 라이엘은 '균일설'에 따라 지층이 수억 년에 걸쳐 형성됐다고 주장했다.

한편, 성경은 이미 오래전 베드로 사도를 통해, 마지막 때 사람들이 자기 욕망대로 살며 전지구가 물로 (　　　)는 사실을 부정하고 라이엘 같은 사람들의 '**만물이 그냥 있다**'고 하는 사상이 유행할 것을 예언했다.

찰스 라이엘

- 그런데 지층 형성에 관한 관찰과 실험은 '균일론'에 입각한 해석과 다른 결과를 보여주고 있다. **1980년, 세인트 헬렌산의 화산 폭발**과 그로 인해 발생한 저탁류가 수십 미터의 지층을 짧은 시간에 형성시킨 사건은 우리에게 무엇을 알려 주는가?

_____

1990년대 피에르 줄리안 박사의 실험은 가는 모래와 굵은 모래가 빠르게 물에 실려 이동할 때, 입자들의 구르는 패턴에 따라 지층 줄무늬가 오랜 시간 없이도 짧은 시간에 형성됨을 보여줬다. 이는 지층이 거대한 (   )만 있으면 한꺼번에 연속적으로 쌓일 수 있음을 의미한다.

그러나 이러한 관찰과 실험이 이루어지기 전, 100년간 진화론적 지질학의 영향으로, 많은 과학자와 신학자, 심지어 목회자들이 성경 기록을 오랜 지층 연대에 맞춰 해석하려 시도했다. 지금도 많은 이들이 과학 이론이 창세기와 다를 때 창세기의 (   )을 포기하려 한다. 이들은 창세기의 실제성을 포기하고 과학 이론을 수용하는 것이 학문 존중이라고 말한다.

- 성경이 명확히 기록하고 있지만 과학적으로 불확실한 이슈들에 대해 그리스도인들은 어떤 태도와 접근을 하는 것이 옳을까? (예: 대폭발에 의한 우주생성, 생명의 자연발생, 외계인 등)

_____

_____

#02
성경이 기록한 전지구적 대격변

1) 대홍수 시작부터 물이 전지구에 창일할 때까지

(1) 대홍수 전체는 약 1년+열흘 걸린 사건

노아가 600세 되던 해 둘째 달 17일에 시작해 이듬해 둘째 달 27일에 끝났다. 기간은 크게 두 부분으로 나뉜다. 전반부 약 (   )은 홍수가 시작돼 물이 점점 차올라 땅을 덮은 시기이고, 후반부 약 (   )은 물이 모두 빠져 바다에 저장되고 육지가 마른 기간이다.

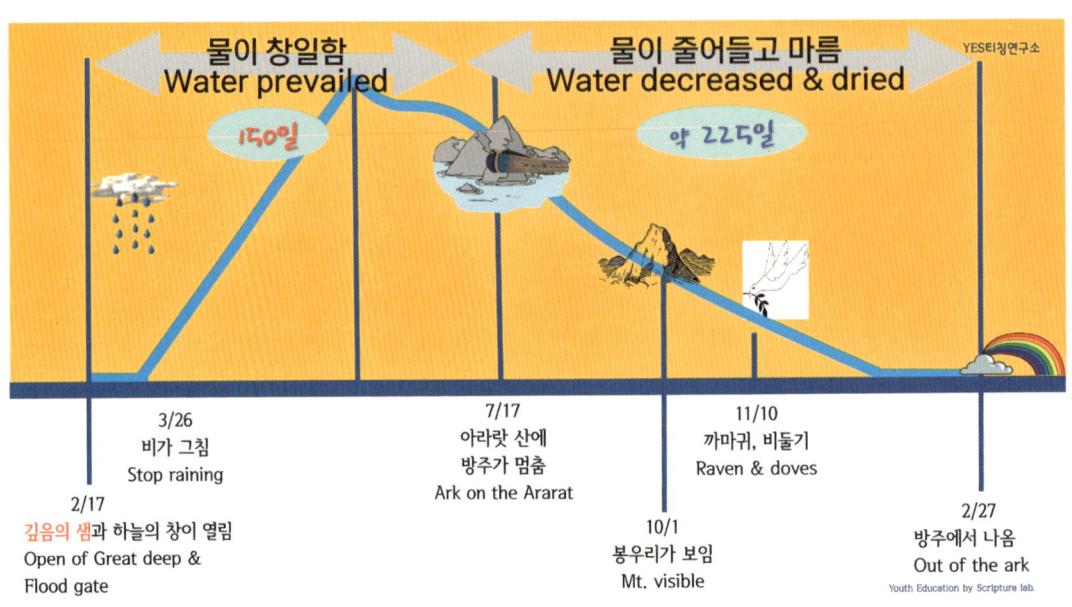

노아 홍수 경과 그래프

(2) 노아 600세 2월 17일, 주목할 첫 사건

말씀 쓰기 | 창 7:11

창세기는 대홍수가 "큰 깊음의 샘이 터지며" 시작됐다고 가르친다. 많은 어린이 성경책 등에서 40일 밤낮 비가 내려 홍수가 났다고 말하지만, 12절의 "사십 주야를 비가 땅에 쏟아졌더라"는 말보다 앞선 11절에서 '큰 깊음의 샘이 터진 사건'을 먼저 언급한다. 과거엔 이 현상을 해석하기 어려웠으나, 최근 30년간 "격변적 판구조론" 연구가 대홍수 메커니즘 이해에 큰 도움을 주었다.

"깊음"(테홈)은 태초의 심연 또는 거대한 물 저장소를 뜻하며(창 1:2), 태초에 창조된 바다를 의미한다. 이 바다가 다 터졌다면 바다 밑이 갈라지고 샘 근원들이 파열되는 지질학적 대변동이 일어났을 것이다. 오늘날 과학 상식으로 해저가 갑자기 갈라지고 터지면 어떤 현상이 동반되는가?

---

(3) 물이 차오른 최대 높이

창세기 7장 17절부터 20절은 홍수 시작 후 물이 점점 불어나는 과정을 설명한다.

땅, 즉 육지에 물이 점점 많아지고, 어느 순간 방주가 떠오른다. 물은 (   )까지 잠그고도 더 불어나 산꼭대기보다 15규빗 더 높은 수위에 이른다.

*15규빗은 약 (   )m 이다.

- 이 많은 물은 과연 어디에서 왔을까?

_____

- 온 땅이 완전히 물에 잠기게 하신 이유가 무엇인지 창 7:23 말씀을 읽고 답하라.

_____

- 대홍수 때 전지구를 덮은 물이 현재는 어디에 있을까?

_____

2) 물이 점점 줄어들어 마르기까지

(1) 물이 줄어들기 시작한 때

창세기 7장 24절은 물이 (   ) 동안 땅에 넘쳤다고 말한다. 8장 1절에서는 "물이 줄었고", 3절에서는 "물이 땅에서 물러가고 점점 물러가"는 일이 역시 (   ) 후에 일어났다고 한다.

- 높은 산을 덮은 홍수 이후에 방주가 아라랏 산맥에 머물게 된 날이 언제인가 (창 8:4)?

_____

- 물의 수위가 점점 낮아져서 다른 산들의 봉우리가 보이기 시작한 것은 언제인가(창 8:5)?

- 지구를 덮었던 물 위로 산봉우리가 보이려면 어떤 지각변동이 필요할까?

(2) 국지적 홍수였을까?

노아는 물이 얼마나 말랐는지 확인하려고 까마귀와 비둘기를 보냈고, 비둘기는 발 디딜 곳이 없어 돌아왔다. 만약 노아 홍수가 고대 근동 지방에서만 일어난 (　　　　　)였다면, 비둘기는 마른 땅을 찾았을 것이고, 하나님도 방주를 짓게 하실 필요가 없었을 것이다.

노아 홍수를 (　　　　　)이 아닌 국지적 홍수로 해석하는 사람들은 창세기를 역사로 믿지 않는 것이며, 이들은 베드로후서 예언처럼 마지막 때에 하나님 말씀을 조롱하는 자들 편에 있는 것이다.

나의 믿음에 적용하기

말씀 쓰기 | 창 8:16-17

　노아가 601세, 둘째 달 27일이 되었다. 하나님은 노아에게 땅이 말랐으니 나오라고 말씀하셨다. 노아는 하나님이 방주에 들어가라 할 때 들어갔고(창 7:13), 나오라 할 때 나왔다(창 8:19). 방주 문은 단 (　　　)였고, 하나님이 직접 그 문을 닫고 여셨다.

　예수님은 이 세상에 오셔서 "나는 문이니"라고 말씀하셨다. 방주에 문이 하나여서 그 문으로만 살아남았듯, 예수님은 우리에게 유일한 (　　　)의 문이시다. 방주 밖에는 죽음과 심판이 있었지만, 안에는 구원과 생명이 있었다. 이처럼 예수님 안에만 구원과 영생이 있고, 그 밖에는 멸망과 심판뿐이다. 노아와 그의 가족은 하나님 말씀을 믿고 "하나님이 명하신 대로 다 (　　　)"했기에(창 6:22) 심판을 피하고 새 세상을 맞이할 수 있었다. 당시 하나님의 명령은 상식적으로 이해되지 않는 것이었지만, 노아는 하나도 가볍게 여기지 않고 그대로 따랐다.

　성경에 상식과 다른 말씀이 있을 때 나는 어떻게 반응했나? 순종하기에 부담되고, 따르기 어려운 명령을 하나님께서 당신에게 하신 적이 있는가? 있다면 그때 어떻게 반응했고, 결과는 어땠는가? 자신의 경험을 적고 서로 나누어 보자.

하나님과 동행하는 자는 반드시 '순종'으로 열매를 맺는다.

하나님과 함께해 달라고 기도하면서도 말씀에 순종하지 않으면
진정한 '동행'이 아니다.

믿음이 흔들리고 세상이 하나님의 말씀을 거부하고 조롱해도,
나는, 우리 가정과 교회는 끝까지 하나님의 말씀을
믿고 순종할 결단이 필요하다.

예수님께서 우리를 보실 때 노아처럼
"의인이요 당대에 완전한 자라" 인정받길 소망하자.

#03 격변적 판구조론
(Catastrophic Plate Tectonics, CPT)

1) 땅이 빠르게 움직이면 어떤 일이?

큰 깊음의 샘들이 터질 때 바다 밑이 급격히 갈라지고 벌어지는 힘이 주어졌다면, 지구 표면은 여러 조각으로 나뉘어 판 운동이 시작될 수 있었다. 오늘날 지구물리학에 따르면, 갈라지는 곳은 (　　)이고, 밀려난 땅덩어리가 충돌해 섭입하는 곳은 (　　)다. 이 두 해저 지형은 판 경계이며, 판 이동이 빠를수록 이 경계에서 격렬한 (　　　　)이 발생한다.

- 2004년 인도네시아 수마트라섬 서쪽 바다에서 규모 9.3 해저지진이 발생했다. 해양판이 15~20m 올라가면서 히로시마 원폭의 10만 배 에너지가 방출됐고, 해저 지각이 (　　)를 밀어 올려 강력한 쓰나미가 생겼다. 쓰나미가 인도양 14개국을 덮쳐 23만 명 이상이 숨졌다.

2) 어떻게 바닷물이 육지를 덮었다가 수개월 만에 물러가나?

(1) 물이 육지를 덮을 때나 물러날 때 모두 빠른 판 운동이 필요하다. 바움가드너 박사는 맨틀 대류 모델 연구를 통해, 판과 맨틀 사이 유동적 약화 현상으로 판이 매우 빠르게 움직일 수 있음을 밝혔다.

(2) 판 이동 시뮬레이션 결과: 바움가드너의 연구에 따르면, 판이 움직이면 맨틀 점성이 감소해 이동 속도가 급격히 (　　　　) 현상이 나타난다. 이로 인해 대서양 같은 대양이 (　　　　　　) 만에 형성될 수 있다.

(3) 판이 급격히 벌어져 대서양 같은 바다가 형성될 때, 해저는 깊어지고 넓어진다. 이동하는 지판에 밀려 대륙판은 위로 상승한다. 그렇다면 **육지를 덮었던 물은 어디서 어디로** 이동하겠는가?

그때 어떤 지형적 변화가 동반될까?

___

3) 해양판이 맨틀 속으로 들어간 지 오래되지 않았다?

　1990년대 이후 지진파 이미지는 맨틀의 고온과 저온 구역이 뚜렷하게 구분되어 분포함을 보여주었다. 균일론적 지질학에서 말하듯, 해양판이 1년에 5cm씩 움직였다면 이미 맨틀과 (　　　　)을 이루었어야 한다. 그러나 동태평양, 통가 해구, 일본 해구 아래 해양판은 주변보다 (　　　　　　) 온도를 유지한다. 이는 해양판이 맨틀로 최근에 빠르게 빠졌음을 입증한다. 이 증거들은 격변적 판구조 운동을 지지하고 있다.

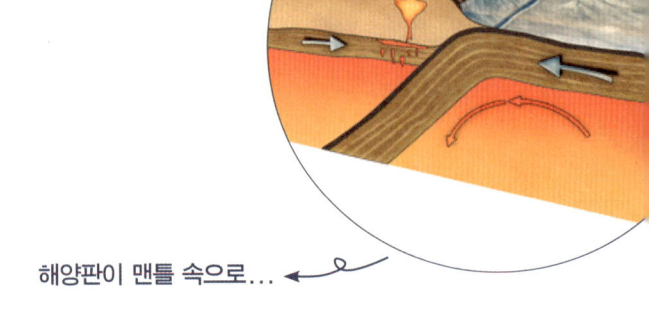

해양판이 맨틀 속으로...

나의 믿음에 적용하기

말씀 쓰기 | 마 24:39

말씀 쓰기 | 막 8:38

　예수님은 (　　　　)의 모습이 마지막 때와 같다고 하셨다. 그 시대 사람들은 하나님을 멀리하고 악을 즐기며 하나님의 법을 무시했다. 하나님의 아들들은 성적으로 문란했고, 세상은 거룩과 정의를 잃은 채 폭력과 부패로 가득했다. 결국 돈, 힘, 쾌락에 지배되는 무법한 사회가 되었고, 하나님은 그들을 (　　　　　　)고 평가했는데, '바사르', 즉 살덩어리가 되었다는 뜻이다. 이는 먹고 마시고 성적 본능에만 몰두하며 점차 (　　)처럼 되어버렸다는 의미다.

　예수님은 마지막 때 세상이 죄와 음란으로 가득하고, 사람들이 하나님의 말씀을 (　　　　　) 될 것이라 하셨다. 오늘날 교회는 창조를 성경에 기록된 대로 믿는 것을 부끄러워하고 있으며, 세상은 탐욕, 폭력, 거짓, 중독, 성적 문란 등 하나님을 거역하는 문화로 가득하다. 데즈몬드 모리스는 일찍이 인간을 '털 없는 원숭이'라 했고, 유발 하라리는 인간과 침팬지의 차이가 크지 않다고 말한다. 인간은 하나님의 형상이 아니라, 그저 (　　　　) 중 하나라는 진화론적 관점이다. **바로 이 시대 사람들은 자신을 하나의 '동물종'으로 여기며 노아 때처럼 이미 '바사르'가 되어가고 있다.**

성경은 하나님이 (   ) 세상을 창조하셨다고 분명히 기록하지만, 유아기부터 진화론교육을 받은 세대는 진화론이 더 친숙하여 성경을 마음대로 해석하려 한다. 어떤 사람은 하나님이 진화를 통해 창조하셨다는 주장을 하고, 어떤 사람들은 하나님이 수십억 년에 걸쳐 지구를 만드셨다고 하며 왜곡한다.

이는 인간의 이성과 세상 풍조를 성경보다 더 우위에 두고 하나님의 말씀을 경홀히 여기는 태도이다.

조별 나눔

바움가드너 박사는 주류 학계가 수십억 년 지구를 주장하는 가운데서도, 하나님의 말씀을 믿고 창의적 연구로 노아 홍수를 설명할 수 있는 격변적 판 운동 연구에 평생을 헌신했다. 당신은 진화론 시대에 살면서 창조주 하나님의 말씀을 **자랑스럽게 여겼는가, 아니면 부끄럽게 여겼는가?**

_____

성경이 가르치는 '창조'와 '대홍수'를 역사적 사실로 믿고 다음 세대에 전하려면 **어떤 노력**이 필요하다고 생각하는가? **내가 해야 할 일**은 무엇이며, **교회가 해야 할 일**은 무엇인가?

_____

_____

_____

_____

_____

3강 마무리

이번 과를 배우며 가장 깊이 다가온 내용과 내 영혼에 하나님의 음성으로 들려주신 내용을 기록하고, 최소 한 사람과 나누시오.

과제 체크

- ☐ 〈말씀 쓰기〉를 모두 수행했습니까?
- ☐ 지난 강의 내용을 복습했습니까?
- ☐ 〈나의 믿음에 적용하기〉를 읽고 내 말로 기록했습니까?
- ☐ 〈마무리〉를 완성했습니까?
- ☐ 내가 깨달은 내용을 한 명 이상의 사람과 나누었습니까?

4강
창조로 시작한 구원 역사

#01
창조 (The Creation)

1) 누가 창조하셨는가?

> **말씀 쓰기 | 사 44:24**
>
>

- 성부 하나님은 '만물을 창조한 주는 나'라고 말씀하시며,
  하나님이 (   ) 하늘과 땅을 지으셨다고 하신다.

> **말씀 쓰기 | 잠 8:30**
>
>

- 성자 예수님은 '나는 그분 곁에서' (   )이 되어 기쁨과 즐거움으로 창조에 함께하셨다고 말씀하신다.

> 말씀 쓰기 | 창 1:2

– 창조 첫째 날, 하나님께서 시간과 공간과 지구를 지으실 때 이미 (   )이 수면 위를 운행하고 계셨다. 그러므로 창조는 삼위일체 하나님이 함께 행하신 일이다.

2) 우주 창조와 시간

(1) 시간은 언제부터 있었나?

창세기 1장 1절에 "태초에" 하나님이 천지를 창조하셨다고 하신다. 하나님이 창조를 시작한 그때가 우주의 시간 '시작'이다. 창조 전에는 시간도 공간도 없고, 아무것도 없이 오직 하나님만 홀로 계셨다. 그래서 창조는 우리가 사는 (   )의 출발점이다.

하나님은 영원하신 분이시며 스스로 계신 분이시다. 이는 그분 홀로 무언가를 **존재하게 하는 능력**'을 가진 분임을 뜻한다.

(2) 지구는 언제부터 있었나?

학교에서 배우는 진화론은 우주가 138억 년 전 대폭발로 시작되고, 이후 별과 은하가 생기며 46억 년 전쯤 태양계와 지구가 형성됐다고 말한다. 하지만 (

4강 • 창조로 시작한 구원 역사

)은 하나님이 우주 시작 때 "땅(地)", 즉 지구(the earth)를 창조하셨다고 기록한다. 하나님은 첫째 날부터 여섯째 날 중 넷째 날만 빼고 창조 (   )을 모두 지구를 다듬는 데 사용하셨다. 우주에서 지구는 매우 작지만, 하나님은 처음부터 지구를 특별한 (   )로 계획해 특별한 관심으로 지으셨음을 보여 준다.

(3) 우리가 사용하는 시간의 주기(하루, 달, 연)은 언제부터 생겼을까?

- **하루:** 창조 첫째 날 지구가 공간에 떠 있고 빛이 비췄다. 낮과 밤이 구분되었다. 하나님은 "저녁이 되고 아침이 되니 이는 첫째 날"이라고 말씀하셨다. 지구에 빛이 비치는 쪽이 낮이고 반대쪽이 밤이므로 지구의 (   ) 운동을 통해 저녁과 아침이 반복되었다. 이처럼 '하루'는 태양의 존재와 상관없이 창조 첫째 날부터 제정된 시간 주기이다.

- **달과 연:** 창조 넷째 날 하나님은 하늘 궁창에 (   )을 창조하셨다. 이때 달과 태양도 창조되었으며, 달과 태양이 각각 지구와 회전을 일으켜, 달의 공전으로 한 달, 지구의 공전으로 일 년을 계산하게 되었다. "그것들로 징조와 계절과 날과 해를 이루게 하라"는 말씀대로 천체들의 (   )은 지구 어디서나 동일한 시간 기준이 된다.

(4) 하나님은 언제부터 계셨나?

   사람들에게 '창조주 하나님이 당신을 지으셨다. 하나님을 믿으라' 하면, 어떤 이는 '그럼 하나님은 누가 만드셨나요?'라고 묻는다. 만약 하나님을 만든 'X'가 있다면, 다음 질문은 **'그 X는 누가 만들었나요?'**가 될 것이다. 이런 질문은 끝없는 원인 추적으로 빠지며 결국 '답을 알 수 없다'는 결론에 다다른다.

예를 들어, 컵은 분자로 만들어졌고, 분자는 원자로, 원자는 양성자·중성자·전자 등으로 이루어졌다. 그러나 양성자·중성자·전자가 어디서 왔는지 물으면 답하기 어렵다. 이처럼 어느 시점까지는 답할 수 있으나, 궁극적인 모든 것의 근원에 대한 답은 얻기 어렵다.

그러나 성경은 분명히 답한다. 하나님은 영원하신 분이며,
홀로 (   ) 세상을 창조하여 무에서 유를 만드셨다.

그래서 삼위일체 하나님만이 '창조자'이고,
나머지는 모두 (   )이다.

시간, 공간, 물질, 하늘과 땅의 모든 것이
하나님의 창조 없이는 존재할 수 없다(골 1:16).

모든 것은 (   )이 있지만, 하나님만 홀로 영원하시고,
스스로 계셔 시작과 끝이 없으신 분이다.

나의 믿음에 적용하기

말씀 쓰기 | 창 2:3

말씀 쓰기 | 히 4:11

– 일주일은 어디에서 왔으며, 안식은 무엇인가?

초, 분, 시, 날, 달, 년 등 모든 시간 주기는 천체와 지구의 주기적 운동으로 계산된다. 하지만 '일주일'은 천체를 기준으로 하지 않고, "하나님이 일곱째 날에 창조를 마치시고 모든 일을 그치시고 안식하셨다"(창 2:2)는 (　　)에 근거한다. 온 인류는 하나님을 믿든 안 믿든, 이 주기에 따라 생활한다.

창조 주간 6일 동안 모든 만물은 하나님 말씀대로 지어졌다. 세상 창조에 남은 일이 없기에 하나님은 **'다 이루었다, 마쳤다, 그쳤다'**고 하셨고, 완전하신 하나님은 창조 결과를 좋다고 평가하셨다. 그리고 일곱째 날을 복되고 거룩하게 하셨다.

여기에 우리의 안식 원리가 있다. '하나님의 말씀이 그대로 이뤄진 결과'가 **복과 거룩**이며, 그 안에 머무는 것이 (　　)이다. 그래서 우리가 예수 그리스도 안에 거하는 것이 곧 (　　)이다. 예수님이 십자가에서 하나님의 언약을 다 이루셨기 때문이다. 하나님의 백성은 이 안식의 원리대로 살 때 행복하며 사명을 완수할 수 있다. 예수님처럼 하나님의 모든 말씀에 아멘으로 순종하여 복과 거룩을 이루고, 그 나라와 의를 먼저 구하여 하나님께 영광을 돌리게 되는 것이다(고후 1:18~20). 그것이 곧 우리의 참된 안식이다.

#02
타락 (The Corruption)

1) 하나님과 첫 사람 아담의 언약

(1) 위임 약속

하나님은 아담을 지으시고 에덴 동산을 주어 경작하고 지키게 하셨다. 아담은 동산의 모든 열매를 자유롭게 먹을 수 있었고, 아담과 하와에게 땅을 정복하며 모든 생물을 다스리도록 맡기셨다.

(2) 금지 약속

하나님은 아담에게 피조물에 대한 모든 통치권을 주셨지만, 선악을 알게 하는 나무의 열매는 먹지 말라 금하셨다. 그 열매를 먹는 날에는 반드시 죽는다는 약속이 포함되었다. 이는 인간이 하나님의 통치 안에 있을 때만 (　　)이 보존됨을 가르친 것이다.

(3) 약속은 누구와 할 수 있나?

- 우리는 돌, 풀, 강아지와 약속하지 않는다. 약속을 이해하고 지킬 수 있는 존재는 (　　　　)이 가능한 고차원적 '인격'을 가져야 한다. 그러므로 하나

님이 인간과 약속을 맺으신 것은, 인간을 하나님과 교제할 수 있는 고차원적 (　　　)로 창조하셨음을 뜻한다.
- 하나님은 영원하신 분이시며, 그분의 약속은 영원하다. **인간은 처음부터 하나님의 영원한 계획 속에 (　　　　)의 대상으로 지음을 받았다.** 신실하신 하나님의 무한한 은혜를 누리는 위치, 이것이 인간의 가장 본질적이고 영화로운 가치이다.

2) 영원한 언약을 파기한 아담

(1) 죄란 무엇인가?

- 하나님의 (　　)을 어긴 것
- 하나님의 (　　)에 불순종한 것
- 하나님과의 (　　)을 지키지 않은 것

(2) 죄의 결과는?

- 죄의 대가는 (　　)이다.

> 하나님의 공의는 무한하므로, 그것을 침해한 인간의 죄는 무한한 형벌, 즉 영원한 죽음을 치러야 한다.

말씀 쓰기 | 롬 6:23

말씀 쓰기 | 롬 5:12

*아담 이후의 인류는 죄 아래 태어났고
사람들은 범죄하여 모두 사망에 이르게 되었다.*

3) 죄가 들어온 후 세상

(1) 동물에게 내려진 저주

하나님은 여자를 꾄 뱀에게 "네가 모든 가축과 들의 모든 짐승보다 더욱 저주받아 배로 다니며 살아 있는 동안 흙을 먹으리라"(창 3:14) 하셨다. 죄의 결과로 동물 전체에 저주가 내려져 각종 (   )가 시작되었고, 뱀은 특별히 더 큰 저주를 받았다.

(2) 여자에게 내려진 저주

임신하는 고통이 크게 더해지고, 수고하고 자식을 낳으며, 남편에게 다스림을 받게 되었다.

(3) 땅과 식물에게 내려진 저주

땅은 저주를 받아 예전처럼 풍성히 생산하지 못하게 되었다. 아담은 수고해야만 소산을 먹을 수 있게 되었는데 이는 모든 피조계에 (　　　　)과 (　　　　)가 시작되었기 때문이다. 식물도 저주를 받아 가시덤불과 엉겅퀴가 나게 되었다.

(4) 아담에게 내려진 저주

땅의 효력이 떨어지고 경작을 방해하는 해로운 잡초가 자라 아담은 힘든 노동을 해야만 했다. **하나님의 은혜와 생명을 완전하게 누리던 창조 세계**에 (　　　　　)가 내려지자, 모든 피조물은 쇠퇴하고, 부패하고, 무질서해지고, 노화되고, 신음하고, 고통하다가 (　　　)을 피할 수 없게 되었다.

#03
대홍수 (The Catastrophe)

1) 하나님의 언약을 간직한 사람들

(1) 새 언약을 받은 아담과 하와

> **말씀 쓰기 | 창 3:20-21**
>
>

하나님은 아담과 그의 아내를 위해 (   )을 지어 입히셨다. 무화과 잎은 쉽게 마르고 부끄러움을 가리지 못했지만, 하나님은 동물을 희생시켜 속죄의 옷을 입혀 주셨다. 하나님은 "네가 먹는 날에는 반드시 죽으리라"는 엄중한 법을 즉시 시행하지 않으시고 유예의 시간을 주셨다. 그래서 하와는 생명을 낳아 모든 (   )의 어머니가 되었고, 장차 "여자의 후손"이 와서 뱀의 머리를 상하게 하신다는 하나님의 역사 계획까지 계시로 받게 되었다.

(2) 언약을 이어가는 사람들

하나님께서 아담에게 주신 약속의 말씀은 인류의 소망이 되었다. 비록 죄 가운데 태어나 죽을 수밖에 없지만, (   )를 통해 완전한 회복을 이루실 언약을 바라보고 창조주요 구원자이신 "여호와의 이름"을 부르며 하나님을 경외하는 공동체를 이루게 되었다. 이 (   )가 창세기 5장에 기록된 아담의 족보이다.

2) 처음 세상에서 계시를 거부한 사람들

(1) 여호와 앞을 떠난 가인

'하나님의 계시대로' 예배하지 않고 (   ) 하나님과 관계한 가인은 결국 동생 아벨을 죽인 뒤 회개하지 않고 하나님을 떠나갔다. 그는 놋 땅에 성을 쌓고 **'자기 뜻대로' 사는 사회**를 만들었다. 인간을 위한 기술과 문화를 만들고, 권력으로 (   )을 무시하는 세상을 확대시켰다. 이것이 세상 문명의 본질이다.

(2) 악의 번성과 심판

세월이 지나 노아 시대에 하나님을 떠나 자기 방식대로 사는 사람들이 크게 번성하여 (   )이 세상에 가득했다. 그들은 포악하고 부패했으며, 마음속 계획이 항상 악하여 하나님의 근심이 되었다. 결국 하나님을 경외하는 한 가족만 남기고, 세상을 물로 (   )하시게 되었다.

> **말씀 쓰기 | 벧전 3:20**
>
>

3) 대홍수 후 환경: 습윤 사막 시대

홍수 심판으로 지구 환경은 변했지만, 방주에서 나온 사람들과 동물들이 살기에 좋은 환경이었다. 당시 사람들은 (   )까지 살았다. 지금 사막과 동토인 지역도 당시에는 물이 많고 따뜻했는데, 실제로 사하라 사막에서 공룡, 코끼리, 악어가 살았고, 시베리아에서 매머드, 물소, 야생말이 번성했던 흔적이 남아 있다. 우리는 이 시기를 (   )라고 부른다.

- 대홍수 후, 전 지구가 온난하여 모든 생물종이 번성할 수 있었던 이유는 무엇인가?

#04
바벨탑 (The Confusion)

1) 창세기 10장 족보 추적

(1) 야벳의 자손

　야벳의 아들: 고멜 외 6명
　야벳의 손자: 아스그나스 외 6명

(2) 함의 자손

　함의 아들: 구스 외 3명
　함의 손자: 니므롯 외 23명

(3) 셈의 자손

　셈의 아들: 아르박삿 외 4명
　셈의 손자: 셀라 외 4명
　셈의 증손자: 에벨
　셈의 고손자: 벨렉과 욕단
　셈의 6대손: 알모닷 외 12명

(4) 창 10:5, 창 10:20, 창 10:31에서 **공통적으로 하는 말은 무엇인가? 이들은 왜 방주에서 나온 후 3대, 6대 만에 언어가 달라진 것일까?**

_____

_____

2) 바벨탑 사건

(1) 바벨탑 사건 가담자들은 누구인가?

- **주동자**: 함의 계보에서 구스의 아들 (   )은 세상의 '첫 용사'라 불렸고, (   ) 앞에서 용감한 사냥꾼이라 불렸다(창 10:8-9).

- **니므롯이 세운 나라들**: 창세기 10장에 바벨, 에렉, 악갓, 갈레, 앗수르, 니느웨, 르호보딜, 갈라, 레센 등이 나열된다. 이 도시는 대홍수 후 (   ) 지역에서 발흥한 고대 (   ) 문명의 도시들이다. 그 중 에렉은 최초 문자 체계인 설형문자의 발상지로 여겨진다.

- **바빌론(바벨)**은 메소포타미아에서 가장 유명한 도시로, 점성술이 발달했다. 바벨은 종교 중심지로서 남신 '마르둑'과 여신 '이슈타르'를 숭배했고, 에테메난키 지구라트는 바로 마르둑 제사를 위한 (   )이었다.

- **마르둑 숭배자들**: 마르둑은 '태양신의 송아지'라는 뜻으로, 고대 수메르인과 바빌로니아인은 마르둑을 **혼돈에서 질서를 창조한 신, 우주 조화와 사회 질서 유지 신**으로

섬겼다. 즉, 우주의 모든 측면을 통제하는 (　　　　)으로 숭배했다.

- **바벨탑 건축자들**은 대홍수 이후 다시 **여호와 하나님의 계시를 버리고** 자기들을 위한 (　　) 을 만들고 (　　　　　)보다 자신을 높이며 독립된 권위를 추구한 반역자들이다.

(2) 언어를 섞어 격리시킴

창세기 11장 1절은 "온 땅의 언어가 하나요 말이 하나"라고 명확히 밝힌다. 방주에서 나온 새 인류는 처음 모두 (　　) 언어를 사용하였다. 이로 인해 거짓 신을 전능한 창조자로 숭배하는 우상 종교가 빠르게 퍼져 나갔다.

셈, 함, 야벳의 족보에서 4~6대 후손 즈음에 각기 언어에 따라 종족과 나라가 나뉘었다. 먼 이주 없이 한 가족 내에서 말이 통하지 않는 것은 이상 현상이다. 창세기 10장의 족보는 바로 이 이상현상이 (　　　　)에서 비롯된 것임을 함축하여 정리하고 있으며, 함의 손자 니므롯 때부터 **종족별 언어 분화 사건**이 있었던 것으로 보인다.

창세기 11장 31절에서 여호와 하나님께서 "온 땅의 언어를 혼잡하게 하셨음"을 통해 바벨탑을 쌓고 **우상 숭배에 빠진 사람들**을 온 땅에 (　　　　)을 알 수 있다.

*그래서 이방인은 본래 계시를 버리고
창조주 하나님께 반항한 반역자들의 후손이다.*

3) 빙하시대와 민족의 분산

(1) 빙하시대의 조건

- 빙하기는 (   )이 많이 내려 지구 육지의 약 3분의 1 면적을 덮은 시기로, 북반구에는 약 700m, 남반구에는 약 1200m 두께로 쌓였다.

- 많은 눈이 내리려면 해수는 (   )하고, 공기는 눈이 녹지 않을 만큼 차가워야 한다.

- 노아 홍수 이후 해저의 마그마 분출로 바닷물이 따뜻한 상황에서, 화산폭발로 화산재가 다량 분출하면 (   )을 차단하여 국지적 기온 하강이 가능하다.

(2) 해수면의 변화와 민족의 분산

- 빙하기에 쌓인 눈 때문에 해수면이 약 (   ) 낮아졌다가, 해빙기에 약 65m 회복되었다.

- 빙하기에는 해수면이 낮아지며 (   )이 드러나 시베리아와 알래스카는 베링 육교로, 아시아 대륙과 오세아니는 말레이지아 육교로 연결되었다. 이 때 많은 동물들과 사람들의 대륙 간 이동이 있었다.

- 해빙기에 녹은 얼음물이 바다로 유입되면서 해수 온도가 급격히 떨어졌고, 이로 인해 (   )과 (   )가 형성되고 갑작스러운 기후 변화로 많은 생물이 (   )하게 되었다.

- 사람들도 거주지와 식량을 찾아 급격히 이주할 수밖에 없었는데, 해수면 상승으로 (   ) 도시들은 잠기고, 육교들이 잠기게 되자 전 대륙으로 흩어진 종족들은 다시 돌아올 수 없게 되었다.

방주에서 나와 번성하게 된 새인류는 바벨탑 사건으로 인해
5대양 6대주로 흩어지게 되었다.

빙하기와 해빙기의 역사는 민족의 대이동과 격리를 강제하는
환경적 요인이 되었을 것이다.

창세기 11장은 '빙하'를 언급하지 않지만,
언어적 혼란으로 인한 '흩어짐'의 역사를 기록하고 있다.

그리고 12장의 '아브라함'의 역사가 시작되기까지의 족보는 바로
종족들이 흩어지는 시간이었음을 짐작케 한다.

그 이후 역사는 이제 각 나라에서 자기 민족의 시조로부터 시작되는
'국사'로 서술되기 시작했다.

우리는 구약 성경을 걸쳐 아브라함을 시조로 하는
이스라엘의 역사를 마주하게 되는데,
하나님은 이스라엘에게 '계시'를 맡기시고 기록하여
하나님의 언약을 알리시기로 작정하셨다(롬 3:2).

그리고 그 언약대로 그리스도께서 성육신하여 세상에 오셨다.

#05
성육신 하신 예수님 (The Christ)

말씀 쓰기 | 눅 3:23, 31, 34, 38

1) 언약의 계보 vs. 반역의 계보

첫 사람 아담과 하와는 선악과 앞에서 하나님의 말씀을 버렸다. 그러나 하나님은 가죽옷을 입혀 죄를 가려 주시고 '여인의 후손'을 약속하셨다. **은혜 언약**이다. 그러나 하와를 통해 태어난 첫 아들은 하나님을 떠나 자신의 성을 쌓았고, 하나님의 법을 무시하며 자기 뜻대로 사는 문명을 건설하기 시작했다. 악으로 가득해진 세상은 결국 **물로 심판받았다**.

노아만 은혜를 입었으며, 그의 가족 8명만 구원받았다. 그러나 대홍수 이후에도 인류는 삼사 세대 만에 다시 하나님을 거역하고 우상 종교를 만들며 죄로 물든 도시 문명을 확산시켰다. 하나님의 말씀을 버리고 죄에 빠르게 반응하는 이 (   )가 **창세기 1~11장의 핵심**이다. 결국 하나님은 가족별로 언어를 다르게 하셔서 인류를 흩으셨다. 하나님을 떠난 인류의 세계사는 지금까지 흥망성쇠를 반복할 뿐이나, 그 가운데서도 **하나님의 언약**은 실패하지 않았다.

시간이 흘러 신약 시대에 와보니 (   )가 끊어지지 않았다. 인류는 하나님의 말씀을 버렸지만, 노아의 후손 셈 계열에서 벨렉, 르우, 스룩, 나홀, 데라를 거쳐 마침내 (   )을 불러 내셨다. 이후 이삭, 야곱, 유다...... 다윗으로 이어지는 **언약 백성의 계보**는 마리아와 요셉에 이르게 되었다. 소망 없는 인류 가운데 하나님의 역사는 빈틈없이 이루어져 아브라함과 다윗의 자손으로 "예수 그리스도"가 나셨다.

2) 여인의 후손으로 오심

> **말씀 쓰기 | 눅 1:35**
>
>
>
>
>

"보라 네가 잉태하여 아들을 낳으리니 그 이름을 예수라 하라 … 주 하나님께서 다윗의 왕위를 그에게 주시리니"(눅 1:31-32). 이는 마리아가 있기 무려 1000년 전에 하나님께서 (   )에게 하신 약속이다. "네 집과 네 나라가 내 앞에서 영원히 보전되고 네 왕위가 영원히 견고하리라"(삼하 7:16). 이 약속대로 다윗의 가문에서 마리아가 나고, 성령으로 잉태되어 예수가 나셨는데, 누가는 그분이 바로 (　　　　　　)이라고 증언하고 있다.

- 아담과 하와에게 약속하신 "여인의 후손"이 마리아를 통해 이 세상에 오시기까지 언약의 계보를 이어온 주체는 인간인가, 아니면 하나님인가?

―――――――――――――――――――――――――――――――――――

세상을 창조하시고 구원의 역사를 처음부터 지금까지 이루어 오신 분은
오직 여호와 하나님이시다.

한 아기가 이 땅에 구원자로 오고 평강의 왕으로 통치하며
영원한 나라를 세우시는 것은 "만군의 여호와의 열심이
이를 이루시리라"(사 9:7)고 예언하셨듯,
전적으로 하나님께서 이루신 일이다.

나는 이 구원의 역사에 보탠 것이 없다.
인류는 언제나 하나님의 계획에 훼방자였고, 반역자였다.
나는 창세기 11장에서 여호와 하나님께 불순종하고 흩어진 사람들처럼
본질상 진노의 자녀였다.

그러므로 우리가 그 나라의 백성이 된 것은
순전히 (   ) 이다.

바울은 복음을 설명하며, 구원은 우리에게서 난 것이 아니라고 말한다.
"너희는 그 은혜에 의하여 믿음으로 말미암아 구원을 받았으니
이것은 너희에게서 난 것이 아니요 하나님의 (   ) 이라"(엡 2:7).

우리는 무한한 크기의 사랑이 담긴 가장 큰 선물을 받았다.

#06 십자가와 부활 (The Cross)

1) 모형과 그림자

아담에게 가죽옷을 입히시기 위해 희생된 첫 동물로부터 구약 시대에 제사로 드려진 모든 희생 제물은 본질적으로 인간을 대신할 수 없는 것이다. 동물은 인격과 영을 갖지 않았으므로 인간의 죄값을 완벽하게 대속할 수 없다. 그것들은 모두 온전한 대속자가 되시기 위해 장차 오실 예수 그리스도를 예표하는 (   )였다.

2) 단번에 영원한 제사를 드리심

말씀 쓰기 | 히 10:11-14

예수님은 인간의 죄값을 대신할 수 있는 둘째 아담으로 오셔야 했고, 하나님의 무한한 공의를 만족시킬 수 있는 하나님과 본질이 같으신 분이셔야 했다. 그는 홀로 아담의 후손인 온 인류의 죄를 짊어지시고 십자가에서 하나님의 형벌을 받으심으로써 단번에 (　　　　)를 이루셨다. 그분은 우리의 유일한 구원자이시다.

우리 대신 제물이 되신 예수 그리스도께 자신의 죄가 전가되었음과 그리스도와 함께 십자가에서 죽고 그리스도와 함께 살았음을 믿는 자는 죄를 회개하고 예수 그리스도를 영접하여 구원과 영생을 얻게 된다.

- 십자가에서 죽으시고 사흘만에 부활하신 예수님은 지금 어디에 계시며(히 10:12), 어떤 날을 기다리고 계시는가(히 10:13)?

"원수들을 자기 발등상이 되게" 한다는 표현은
온전한 정복, 온전한 승리를 의미한다.

영화 〈부활〉 중 한 장면

#07
다시 오실 예수님 (The Conssummation)

1) 산소망은 무엇인가?

> **말씀 쓰기 | 벧전 1:3-4**

(1) 영생

요한복음 11장에서 예수님은 마르다에게 부활을 설명하시며 "나를 믿는 사람은 죽어도 살고, 살아서 나를 믿는 사람은 (   ) 죽지 아니할 것"이라고 말씀하셨다. 예수님이 주시는 산소망은 바로 (   )이다.

(2) 몸의 부활

예수 그리스도의 부활이 우리에게 산 소망이 되는 이유는, 예수님이 잠자는 자들의 (　　　　)가 되셨기 때문이다. 마지막 아담은 "살려주는 영"(고전 15:45, 49)이 되셔서, 다시 오실 때 우리에게 썩지 않는 몸, 곧 (　　　　　　　)을 입혀주시겠다고 약속하셨다. 그날에 (　　　)은 멸망당하고 완전한 승리가 이뤄진다.

죽음은 맨 마지막에 멸망 받을 원수이다(고전 15:26, 54).

(3) 영원한 하나님의 나라 상속

그리스도인은 죽음의 계보에서 생명의 계보로, 반역의 계보에서 언약의 계보로, 저주의 계보에서 은혜의 계보로 옮겨진 자들이다. "그가 우리를 흑암의 권세에서 건져내사 그의 사랑의 아들의 나라로 옮기셨으니"(골 1:12-13). 그리스도 안에 있는 자들은 영원한 하나님 나라의 백성으로서, (　　　　　　　)가 왕이신 나라를 유업으로 받는다. 이것이 우리의 산 소망이다.

2) 완성

예수 그리스도께서 다시 오셔서 구원이 완성되는 때에는, "하나님이 친히 그들과 함께 계셔서 모든 눈물을 그 눈에서 닦아주시니 다시는 사망이 없고 애통하는 것이나 곡하는 것이나 아픈 것이 다시 있지 아니"(계 21:3b-4)하고, "처음 것들이 다 지나갔음"(계 21:4)을 보게 될 것이다. 그리고 보좌에 앉으신 예수님께서 만물을 새롭게 하실 것이다. 이때 **창조로 시작된 구원 역사**는 끝나고, (　　　　　　　)가 **완성**된다.

하나님은 영원히 우리와 함께하시기 위해 "리얼 히스토리", 이 진짜 역사를 미리 계획하셨고, 이루어 오셨으며, 완성하실 것이다. 창세 전에 그리스도 안에서 우리를 택하셨음에 감격할 수밖에 없다! 구원, 그것은 우리를 그분의 끝없는 사랑과 신실하신 약속의 성취 안에 불러 주신 놀라운 사건이다! 오직 은혜임을 고백하며 그리스도의 나라가 완성될 그 날을 고대하자!

4강 마무리

이번 과를 배우며 '리얼 히스토리'가 '나'를 향한 하나님의 영원한 작정과 계획에 따라 이루어 가시는 진짜 역사라는 것을 깨달았는가? 그렇다면, 그 사실이 내게 주는 감동은 무엇이며, 내 인생을 어떻게 변화시키는가?

과제 체크

☐ 〈말씀 쓰기〉를 모두 수행했습니까?
☐ 지난 강의 내용을 복습했습니까?
☐ 〈나의 믿음에 적용하기〉를 읽고 내 말로 기록했습니까?
☐ 〈마무리〉를 완성했습니까?
☐ 내가 깨달은 내용을 한 명 이상의 사람과 나누었습니까?

소감문 작성

| 조: | 이름: |

"리얼 히스토리"를 통해 배우고, 느끼고, 깨달은 점을 진솔하게 적어보세요.
사진을 찍어 조장에게 제출합니다.

해답

1강 놀라운 창조 세계

11p. (1) 창조 다섯째 날 (2) 큰 바다 생물, 종류대로

12p. (3) 남극하트지느러미 오징어 – 2, 갯가재 – 4, 발광 플랑크톤 – 3, 카이트핀 상어 – 4, 태평양 연어 – 1

(4) 생물들 안에 빛을 내는 회로가 있고, 원거리 항해 중 위치를 파악하는 능력을 가지고 있는 것을 볼 때 놀라운 지혜와 정교한 능력으로 생물을 설계하고 창조하신 분이 계시다는 것을 인정할 수밖에 없습니다.

13p. 만물을 창조하신 하나님을 (인정)하라!

14p. (1) 창조 다섯째 날 (2) 대기 대순환, 가슴 근육

15p. 그 무엇과도 비교할 수 없는 위대한 일을 행하신 하나님을 (찬양)하라!

16p. 만물을 다스리시고 책임지시며 돌보시는 하나님을 (신뢰)하라!
통치, 주권

17p. (1) 창조 여섯째 날 (2) 장수풍뎅이 – 4, 거미 – 1, 게코도마뱀 – 2, 하마 – 3

(3) 각 생물 안에 뛰어난 지혜와 능력이 있는 것은 그것을 지으신 설계자가 있음을 보여주며, 성경이 우리에게 가르치는 대로 전능하신 하나님의 말씀으로 그 모든 것이 만들어졌기 때문입니다. 생물 안에 있는 모든 조직과 기능은 모두 복잡하고 정교한 유전 정보에 의해 만들어지고 작동하는데, 고도의 정보는 하나님의 지혜에서 비롯된 것입니다.

18p. (1) 무섭고 두려운 마음이 든다.
모든 인간에게는 생명 위험에 대한 두려움, 실패에 대한 두려움, 거절이나 외면에 대한 두려움

등이 있다. 그런데 가장 근본적인 두려움은 자신의 양심이 자신을 고발하여 하나님의 거룩하심에 이르지 못하는 존재라는 사실에서 비롯된다. 즉 심판에 대한 두려움이다.
(2) 질소, 5백만~8백만

19p. 창조 셋째 날, 하나님께서는 동물과 사람에게 먹을 거리를 공급하기 위해 식물을 창조하셨다 (창 1:29-30). (3) 먹을 거리, 저주

20p. 창조주 하나님은 인간에게 (법)을 주시며, 공의에 따라 죄에 대해 (심판)하시는 분이심을 기억하라! / 영원한 관계

21p. (1) 종류대로 (2) 우리의 형상을 따라, 우리의 모양대로, 자기 형상 곧 하나님의 형상대로 / 물질적 과정, 생명, 영

22p. (3) 피보나치수열, 황금 비율
피보나치수열은 1, 2, 3, 5, 8, 13, 21, 34…와 같이 앞의 두 수를 더해 뒤의 수가 되는 특정 숫자들의 배열이다. 이러한 특정한 의미를 갖는 숫자들을 선택적으로 이용한 디자인이 자연물 속에 들어 있다는 것은 목적과 의도에 의한 '설계'일 수밖에 없다.
(1) 홍채, 1조분의 1 (2) 테니스 코트, 100년

25p. 8주 - 80%, 2-3cm, 14주 - 지문, 20주 - 감정, 5만 개씩

26p. 유일한

27p. 우리의 삶이 시작되기도 전에 우리의 인생을 다 아시는 창조주 하나님께 (순종)하라!

2강 창조를 버린 사람들

30p. (1) 자연과정만으로, 유전자

31p. (2) 복합적 신호, DNA의 발현 (3) 생명체, 지성, 지성적 존재
(1) 거대한 질량체들은 처음부터 내부압력과 중력이 정교한 균형을 이뤄야 구체를 유지할 수 있습니다. 어떻게 수많은 별과 행성들이 힘의 정확한 조율을 통해 각각의 형태를 유지하고 있는지 자연과정만으로 설명하기 어렵습니다.

32p. (2) 조화의 법칙 (3) 강력, 법칙과 질서

33p. 특별계시, 참된 기원, 말씀(또는 계시)

34p. 기원, 법, 우상숭배

35p. (1) 계시와 다른 생각 (2) 다르게, 다르게

36p. (3) 하나님의 말씀 그대로를 인용하여 계시와 다른 생각, 다른 말, 다른 해석을 차단시키고 물리쳐야 합니다. 예수님께서 광야에서 시험받으실 때 하셨던 것처럼. /
하나님의 말씀보다 사탄의 말을 받아들이고 따르기로 선택했다.
(1) 물, 공기, 불, 또는 물, 불, 흙, 공기 / 유물론, 진리, 인간중심철학
(2) 인간중심적, 르네상스(37p.)

37p. 이성, (3) ① 경험, 우주, 회의주의 ② 도덕적 실천

38p. ③ 절대정신, 성경
3)-(1) 성경적 창조 (2) 용불용설, DNA의 서열과 양

39p. (3) 자연선택, 분포도 (4) 배반복설

40p. 생물속생의 법칙, 무생물

41p. 이 세상의 모든 생명체는 생명의 근원이신 예수 그리스도로부터 얻었다. /
진화론이 사실이라면 생명의 근원은 물질이나 에너지 같은 것이 된다. 성경은 명백하게 생명의 근원이 예수 그리스도시라고 가르치므로, 진화론의 주장은 예수님의 말씀에 정면으로 도전하는 것이다. /
생명체를 구성하는 단백질이나 DNA 분자 같은 하위 단계의 물질로 내려갔을 때 그 분자들이 생명을 갖지 않는다는 것은 명백한 사실이다. 엄밀히 과학은 아직 생명이 어디서 왔는지 밝혀내지 못하였으며, 물질의 반응으로 생명체가 저절로 생겨나는 과정을 관찰한 바도 없다. 그러나 버젓이 교과서 서술에는 원시 지구에서 화학반응에 의해 최초의 생명체가 생겨났다고 가르친다. 이는 확인되지 않은 가설을 '사실'로 가르치는 심각한 왜곡이며, 밝혀지지 않은 것조차 그렇게 되었다는 식의 확증 편향적 서술을 일삼는 행태이다. 배우는 학생들은 교과서나 과학자의 권위에 의해 그것이 증명된 사실일 것이라는 전제를 수용할 수밖에 없으므로, 학습자의 신앙과 학문과 사상의 자유가 보장되지 않은 채 편향된 신념 체계를 세뇌당하고 있는 실정이다.

교회는 먼저 우리의 다음 세대가 처한 현실을 직시할 필요가 있으며, 이러한 현실 가운데 진화론적 사고틀이 주입되어 근본적으로 유물론적 가치체계(반성경적 세계관)로 성장하고 있음을 인식해야 한다. 교회는 반드시 이에 대해 적절한 대응 교육을 해야 하는데, 전문적인 통찰을 통해 성경이 기록한 창조와 참된 역사를 바르게 가르쳐야 하며, 어린이, 청소년, 청장년 각 세대에 맞게 체계적인 교육을 반복적으로 실시하여 성도들이 거짓된 지식과 반성경적 세계관의 노략물이 되지 않도록 힘써야 한다.

42p. 1) 도태, 유전병, 다양성 및 수명

43p. (2) 부적합한 (3) 단종법, 인종청소
(1) 자연선택이론 (2) 열등한, 우수한, 인류 진화

44p. 진화에 의하면 적응하지 못한 생물체는 부적합 것으로 도태되는 것이 당연한 것이지만, 하나님은 오히려 약자를 배려하고 소외되거나 병든 자들을 돌볼 것을 말씀하신다. 진화적 방법은 은혜로우시며 자비로우시며 선하신 하나님의 성품에 위배된다.

45p. 그것이 하나님의 성품을 공유받은 인간이 하나님의 형상을 반영해내는 삶이기 때문이다. 우리는 이 세상에 처음 지어질 때부터 하나님 형상 역할을 하도록 하나님을 닮은 존재로 창조되었으며, 그렇게 하나님의 형상을 그대로 반영해내는 것을 하나님께서는 '내가 거룩하니 너희도 거룩하라'고 표현하신다. /
창조

46p. (1) 계급투쟁, 생산수단 (2) 남의 것, 자유, 전체주의

47p. (3) 레닌과 스탈린, 진화사상, 창조주 하나님

48p. 악한 방법, 복의 통로

49p. (1) 성을 절제시키는 세력, 기존 질서 파괴, 가정, 교회

50p. (3) ① 친교 행위 ② 사회적 성, 성해방, 실패한다 ③ 법, 폭력

51p. 33, ④ 낙태 / 최종 결정권자

52p. 성경

53p. 경건한 후손

3강 몽땅 잠겨버린 지구

56p. (1) 높은 산맥으로 융기되기 전에 깊은 바다 밑에서 거대한 물과 다량의 흙이 이동하며 광대한 퇴적이 일어났어야 한다.

(2) 걸쭉한 흙탕물(저탁류)가 초속 수m 정도의 빠른 속도로 이동하여 해양생물들을 빠르게 밀고 지나가며 매몰시켜야 한 방향으로 배열된 노틸로이드 화석이 형성될 수 있다.

(3) 적어도 고래가 포식자들에게 먹히거나 부패되기 전 아직 신선한 상태일 때, 몸의 두께가 50cm 이상의 고래들을 한꺼번에 매몰시킬 수 있는 다량의 흙이 몰려와 덮었어야 한다.

57p. (1) 바다 밑바닥, 지각변동 (2) 빠르게 (3) 재앙

58p. (4) 전이 과정 (5) 화석무덤, 수장

(1) 1000m, 강물이나 바람 (2) 모래 입자들

59p. 엄청난 물 (3) 해양 미생물의 골격, 짧은 시간

60p. 자연과정, 성경, 멸망당했다

61p. 줄무늬가 뚜렷한 지층이 한 층씩 오랜 세월에 걸쳐 쌓인 것이 아니라 빠르게 흘러가는 저탁류에 의해 동시에 연속적으로 형성된 것임을 보여줍니다. /

물리적 사건, 역사성 /

성경은 완전하시고 선하시며 신실하신 하나님께서 계시하여 주신 말씀입니다. 그러나 과학은 당대의 과학자들이 탐구하여 정리한 최선의 설명이라고 할 수 있습니다. 인간은 시대마다 지식과 기술의 한계, 그리고 패러다임의 영향으로 모든 문제들을 완전하게 밝혀낼 수 없으며 이성과 경험의 한계로 인해 궁극적인 답을 알지 못합니다. 그러나 하나님은 처음부터 모든 것을 아실 뿐 아니라 우주 만물을 존재케 하시고 지금도 말씀으로 붙드시고 통치하시는 분이시기 때문에 하나님의 말씀은 우리에게 궁극적인 답을 줍니다. 그러므로 과학적으로 밝히 증명되지 않았더라도 혹은 당대의 과학 지식과 충돌되어 보이는 내용이 성경에 있더라도 하나님의 말씀을 제한적인 과학 지식보다 더 신뢰하여야 합니다. 또 과학이 발전하여 더 선명한 답을 찾게 되면 성경의 말씀에 비추어 자연만물을 더 적절하게 이해하고 설명할 수 있게 될 것이라는 자세로 연구하며 기다려야 합니다. 섣불리 인간의 잠정적 지식에 맞춰 하나님의 말씀을 재해석하는 우

를 범해서는 안 됩니다.

62p. (1) 5개월, 7개월

63p. 해저 지진과 쓰나미

64p. (3) 모든 천하의 높은 산, 7m
해저 바닥이 갈라지고 벌어지면 해저 해저의 융기와 쓰나미로 인해 막대한 바닷물이 육지로 이동하게 된다. /
지면의 모든 생물을 쓸어버리고 노아의 가족 외에 모든 인류를 쓸어버리시기 위함이었다. /
전지구를 덮은 물을 물러가게 하실 때 새로운 바다가 형성되어 물이 바다로 저장되었다. /
(1) 백 오십 일, 백 오십 일 / 7월 17일

65p. 10월 1일 /
대륙이 융기해서 올라오고 물은 바다는 넓어지고 깊어지는 지각변동이 필요하며 물은 낮은 곳으로 빠르게 물러가는 지각변동이 동반되며 이때 격변적인 침식과 퇴적이 다시 발생하게 된다.
(2) 지역적 홍수, 전지구적 심판

66p. 하나, 구원, 준행

69p. 1) 해령, 해구, 지진과 화산활동, 해수

70p. (2) 증가하는, 수주~수개월
(3) 육지에서 바다로 이동한다. 육지는 융기를 하며 산악지대와 산맥 등이 발생하고, 빠른 판 이동과 충돌로 인해 마그마 활동도 활발하게 되며, 막대한 물이 바다로 이동하면서 거대한 침식이 일어나 협곡과 강이 발달되고, 퇴적물의 이동 속도가 느려지는 곳에 재퇴적되어 지층이 형성되게 됩니다.
3) 열평형, 1000℃ 이상 낮은

71p. 노아 시대, "육신이 되었다", 동물, 부끄러우하게, 영장류 동물

72p. 엿새 동안

4강 창조로 시작한 구원 역사

76p. 1) 홀로, 창조의 명공

77p. 하나님의 영
　　　(1) 우주 역사 (2) 창세기 1장 1절

78p. 5일, 거주지 (3) 자전, 광명체들, 주기적 운동

80p. 말씀으로, 피조물, 시작과 끝

81p. 말씀, 안식, 안식

82p. (2) 생명 (3) 도덕적 판단

83p. 인격체, 영원한 언약
　　　(1) 법, 말씀, 언약 (2) 죽음

84p. 악성 변화

85p. (3) 질적 하락, 악성 변화 (4) 하나님의 저주, 죽음

86p. (1) 가죽옷, 산 자

87p. (2) 구원자, 믿음의 계보
　　　(1) 자기 방식대로, 하나님의 법 (2) 사람의 죄악, 심판

88p. 3) 400대, 습윤사막시대
　　　홍수 후기에 해저 마그마가 다량 분출하여 해저 바닥을 덮었기 때문에 홍수가 끝났을 때 전지구의 해수는 매우 따뜻한 상태였기 때문입니다.

90p. 자연스러운 역사로 보기 어렵습니다. 단 3대, 6대 만에 자손들 사이에 언어가 통하지 않게 되어 각기 다른 종족과 다른 나라를 형성하게 되었다는 것은 그 사이에 언어적 격리를 일으키는 어떤 사건이 있었다고 보아야 할 것입니다.
　　　(1) 니므롯, 여호와, 메소포타미아, 수메르, 계단식 신전

91p. 전능한 신, 우상, 창조주 하나님
　　　(2) 같은, 언어적 격리, 흩으셨음

92p. (1) 눈, 따뜻, 햇빛

93p. (2) 120m, 대륙붕, 사막과 동토, 멸종, 바닷가

96p. 반역의 역사, 언약의 계보, 아브라함
　　　2) 다윗

97p. 하나님의 아들
　　　인간은 끊임없이 반역하였지만 하나님께서 오직 하나님의 열심으로 우리를 향한 하나님의 영원한 언약을 이루셨습니다.

98p. 하나님의 은혜, 선물

99p. 모형과 그림자

100p. 영원한 속죄
　　　예수님께서는 부활 승천하셔서 하나님의 보좌 오른편에 앉아 계십니다. 하나님께서는 모든 만물 위에 뛰어난 이름을 예수 그리스도께 주셨고 왕위에 즉위하셨습니다. 지금 예수님은 하나님의 보좌 우편에서 모든 원수들을 완전히 벌하고 승리를 성취하실 날을 기다리고 계십니다.

101p. 영원히, 영원한 생명

102p. (2) 첫 열매, 하늘에 속한 이의 형상, 죽음
　　　(3) 예수 그리스도
　　　2) 영원한 하나님의 나라

유치부와 유년부를 위한 창조신앙교육

하나님의 전능하심과 놀라운 사랑을 알려주는 창조 6일을 통해 참된 복음의 기초를 쌓아갑니다. 아이들 수준에 맞게 하나님을 더 깊이 경험하고 영원하신 하나님의 말씀을 신뢰하게 되는 뜻깊은 시간이 될 것입니다.

창조의 날들

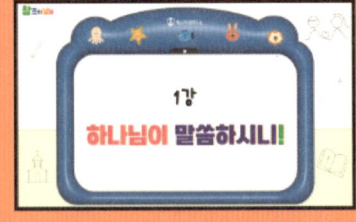
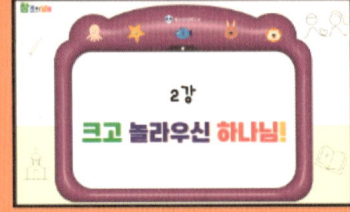
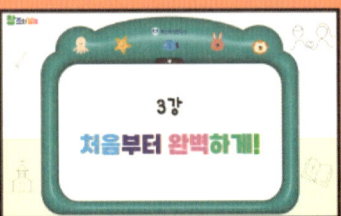

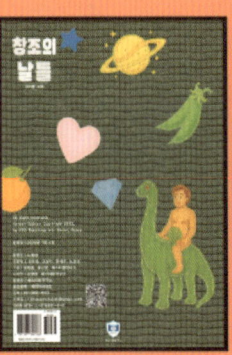

창조는 성경적 세계관의 기초입니다.

여호와를 경외하는 것이 지식의 근본입니다!

예스티칭연구소 프로그램에 궁금하신 사항은 전화와 이메일로 문의주시길 바랍니다.
yesteachinglab@gmail.com   02-388-1333 / 010-9810-1326

초등 창조신앙교육

기원에 관한 주제들을 초등학생의 사고력에 맞추어 접근하며, 창세기1-3장을 구속사적 관점에서 다루는 강의와 활동, 순환학습으로 진행합니다.

리얼 오리진

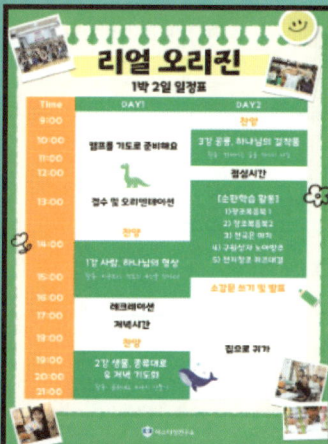

사람-생물-공룡-지구의 진짜 시작

올바른 창조 신앙!
성경적 분별력을 갖게 합니다!

예스티칭연구소 프로그램에 궁금하신 사항은 전화와 이메일로 문의주시길 바랍니다.
yesteachinglab@gmail.com   02-388-1333 / 010-9810-1326

중고청 창조신앙교육

청소년과 청년의 수준에 맞는 과학적 역사적 철학적 접근을 통해 성경이 가르치는 처음 역사를 밝히 배우고, 구속사 전체와 통합시킵니다.

리얼 히스토리

창조-타락-구속-영화로 이어지는 진짜 역사

왜 창조와 복음이 진짜 역사인지 알게 됩니다!

예스티칭연구소 프로그램에 궁금하신 사항은 전화와 이메일로 문의주시길 바랍니다.
yesteachinglab@gmail.com   02-388-1333 / 010-9810-1326

청장년 창조신앙교육

현 공교육 과정에 기원과 관련된 이슈들을 살펴보며 검증된 과학적 내용을 통해 변증하고, 관련된 세계관적 문제점을 점검하고 성숙한 그리스도인으로서 성경적으로 건강한 사고체계를 갖도록 돕고 있습니다.

WHY? 창조스터디

집회 형식 (3일)
오후/저녁
- 첫째 날 : 1강 / 2강
- 둘째 날 : 3강 / 4강
- 셋째 날 : 5강 / 6강

아카데미 형식 (6주)
온/오프라인
- 1주: 우주의 시작
- 2주: 지구의 역사
- 3주: 생명의 시작
- 4주: 생물의 역사
- 5주: 화석 바로 보기
- 6주: 연대 문제와 세계관

창조신앙과 성경적세계관을 통합한 교육프로그램

창조는 진화의 반대말이 아니라 성경적 세계관의 핵심입니다.

예스티칭연구소 프로그램에 궁금하신 사항은 전화와 이메일로 문의주시길 바랍니다.
yesteachinglab@gmail.com   02-388-1333 / 010-9810-1326

리얼
히스토리
캠프
워크북 개정판

Real History Camp, Workbook 2nd edition
All right reserved.
Korean Edition Copyright 2025. by YES Teaching lab, Seoul, Korea

발행 초판 2023년 1월 30일
　　　　개정판 2025년 9월 30일

지은이 노휘성
디자인 김현진
가격 11,000원
펴낸곳 예스티칭연구소
출판등록 제978461호
전화 02-388-1333
홈페이지 https://blog.naver.com/yesteaching
이메일 YESteachinglab@gmail.com
송금계좌 국민은행 458301-01-561-650 예스티칭연구소

ISBN 979-11-978461-5-1(03230)